基于移动网络的
大学英语教学模式研究与创新应用

刘拥军　著

北方联合出版传媒(集团)股份有限公司

万卷出版有限责任公司

图书在版编目 (CIP) 数据

基于移动网络的大学英语教学模式研究与创新应用 /
刘拥军著 . — 沈阳 : 万卷出版有限责任公司 , 2023.11
ISBN 978-7-5470-6370-5

Ⅰ . ①基… Ⅱ . ①刘… Ⅲ . ①英语 – 教学模式 – 研究
– 高等学校 Ⅳ . ① H319.3

中国国家版本馆 CIP 数据核字（2023）第 173910 号

出版发行：北方联合出版传媒（集团）股份有限公司
　　　　　万卷出版有限责任公司
　　　　　（地址：沈阳市和平区十一纬路 29 号　邮编：110003）
印 刷 者：北京亚吉飞数码科技有限公司
经 销 者：全国新华书店
幅面尺寸：170mm×240mm
字　　数：250 千字
印　　张：14
出版时间：2024 年 4 月第 1 版
印刷时间：2024 年 4 月第 1 次印刷
责任编辑：张冬梅
责任校对：刘　洋
装帧设计：马静静
ISBN 978-7-5470-6370-5
定　　价：86.00 元
联系电话：024-23284090
传　　真：024-23284448

前　言

　　当今世界正面临百年未有之大变局，中国现今处于最好的发展阶段，中华民族正进入伟大复兴的时期，中国"一带一路"建设和构建人类命运共同体的中国理念与行动为全球治理注入了中国能量。在当今的世界格局下，世界的各种思想文化彼此交融而又相互交锋，中国的国际舆论斗争和软实力较量将日趋激烈，中国迫切需要具有家国情怀，有全球视野，能讲好中国故事的国际化英语人才。在科学技术日新月异的今天，新的信息技术与高速发展的互联网的融合，加快了高等教育信息化的发展进程。以互联网信息技术为基础的移动设备，能够为语言学习者尤其是英语学习者提供一种不受时间和地点限制的知识转移的新平台，营造真实、丰富又生动的移动学习环境，有效地使学生参与到学习活动中，并加强他们对学习材料的理解和记忆。学生可以在课堂内外拥有丰富的、实时的、协作的和个性化的体验。中国大学英语教育积极应变，创新教学模式和知识体系、课程体系、教材体系，培养复兴民族大业的具有全球视野的国际人才是我们这个时代的要求。

　　当前，移动技术极大地丰富了英语学习的方式，从最初的电子词典、掌上电脑到现在的智能手机，均得益于移动技术的发展。移动学习终端尤其是智能手机具有便携性、社会交互性、情境敏感性、连通性和个性化等支持教育功能的特征，最适用于文化、理论性知识以及语言类的学习。近年来，很多高校将英语学习，尤其是英语的听、说、读、写、译等各项技能的学习与移动学习相结合。将移动学习与传统大学英语课程相结合将会形成无可比拟的优势，因为移动学习设备的便携灵活特性更符合英语学科的学习特点，对激发学生英语学习的积极性及利用移动终端进行自主学习具有一定作用。

当今时代,学生在很大程度上已经成为数字居民,手机已经成为日常生活的一部分,甚至没有手机的帮助就无法完成各种任务。因此,教师首先必须承认手机在学生生活中的不可替代的作用。年轻人通过穿越三个主要的社会空间来建立他们的身份:家庭、学校和网络空间,这与无缝学习的概念相呼应。也就是说,学习不再局限于传统的课堂,而是延伸到传统课堂之外。教师应当鼓励学生使用移动设备进行英语学习,充分利用多媒体资源,包括看美剧、通过社交媒体与母语为英语的人交流、在移动字典中查找新词汇、分享学习经验,并就如何更有效地利用网络资源交换意见,指导学生使用社交媒体来提高他们的语言技能。鉴于此背景,作者在参阅大量相关著作文献的基础上,精心撰写了《基于移动网络的大学英语教学模式研究与创新应用》一书。

本书共有七章。第一章作为全书开篇,首先介绍了移动网络下的大学英语教学,包括教育信息化与网络教学、移动网络辅助大学英语教学。第二章探讨了基于移动网络的大学英语教学创新思维,如大学生英语学习中的常见问题;创新教学理念,体现以学生为主体;开展分层教学,重视个体的差异性;优化教学资源,实施自主学习与体验式学习。第三章针对基于移动网络的大学英语教学词汇与语法、听说、读写译、跨文化交际教学内容展开论述。在上述章节内容的基础上,第四章对基于移动网络的大学英语数字化教学、多模态教学、翻转课堂教学、慕课与微课教学、混合式教学模式展开了详细研究。第五章与第六章分析了基于移动网络的大学英语教学评价体系构建、大学英语教师职业能力发展两个层面的内容。第七章为本书的最后一章,从多个角度研究了基于移动网络的大学英语教学的创新融合,如基于移动网络的大学英语课程思政建设、大学英语生态课堂构建、大学英语 ESP 教学实践,以及大学英语教学与中华优秀传统文化的融合。

本书从移动网络与"互联网 + 教育"的基础知识入手,探讨基于移动网络的大学英语慕课、微课、翻转课堂、线上线下混合式教学四大模式的建构,进而研究移动网络背景下大学英语学习模式的革新、大学英语知识教学与技能教学的改革、大学英语教师的网络素养提升以及多元动态评价体系的建构。全书详细阐述了移动网络的理论,介绍了移动网络在大学英语教学中的应用,并列举了大量的教学实例,提高了本书的实用性与应用性,对当今移动网络背景下大学英语课程教学设计与规划、改革与创新等方面的研究者和从业人员具有学习与参考价值。

本书在写作的过程中搜集了诸多相关的文献资料,并在书中引用了很多专家、学者的观点,在这里致以诚挚的谢意,并将相关参考资料列于书后,如有遗漏,敬请谅解。由于作者学识有限,书中疏漏之处实属难免,恳请广大读者不吝指正。

作　者

2023 年 5 月

目 录

第一章

移动网络下的大学英语教学

根据国家教育部门对大学英语提出的基本要求,大学英语教学的主要目的是培养学生日常英语交流和英语综合应用的能力。特别是在平时的交流上,为了实现学生日后在工作和生活中可以使用英语进行正常的沟通和书写,应将英语作为一门实用技能来学习。这是国家对大学英语的基本要求。就目前形势看来,现阶段我国多数本科高校英语教学已达到基本要求。但在新型课程改革的大环境下,我国现有的教学模式并没有适应改革的需求。所以在现有的教学条件下,我们对大学英语教学仍需提出新的改革要求,特别在新网络环境下要对教学模式做出改革和创新,让学生可以在自己适应的网络环境中得到良好的学习效果,在自己愿意接受的教学环境下进行学习。

第一节　教育信息化与网络教学

一、教育信息化

（一）信息化的概念

信息技术是现代科技的重要组成部分,其从 20 世纪 80 年代开始就给人类的生活方式带来了巨大的影响。我国还未进入完全的工业化时代,但已经迎来了信息化时代,这也是我国现代化发展的重要成果。信息技术进入人们的生活,使人际往来的时空限制被打破,全球各国、各民族、各地区甚至每个角落都因为信息技术的出现而联系得越来越便捷、紧密。也正因为信息技术的出现,全球人民共建"地球村"的美好愿景一步步实现。全球各国借助信息化手段而相互联系,友好往来,各种不同的价值理念、民族文化相互交流、融合。可见,信息技术产生与发展的意义不是简单地停留在传播工具的更替和现代传媒的快捷上,它成为人类对网络社会加以构筑的重要基础,它改变了人们的价值观念,也使得人类的思维方式和生活方式都发生了重大的改变。

20 世纪 60 年代是"信息化"概念最早出现的时间。最初提出信息化时,人们将其理解为信息产业化,而社会信息化被视作信息产业化的目标。日本学者后来又对"信息化"的含义作了详细的解释,并指出构建社会信息化的宏伟目标,而当信息产业在社会中居于支配地位,产生巨大的社会影响力时,才算真正进入了信息社会。后来有关学者深入研究了信息化的相关概念,如信息革命、信息社会等,这些研究提高了人们对信息化的认识,并对进一步研究信息化概念具有重要启示意义。

下面从不同角度分析学者们对信息化概念研究的观点。

1. 社会文明变迁视角下的信息化

信息化是使人类以更快更便捷的方式获得并传递人类创造的一切文明成果，以便能更有效地创造一个多种文明共存共荣的新文明。

2. 经济视角下的信息化

信息化是向信息社会前进的动态过程，它反映了由可触摸的有形物质产品起主导作用向难以触摸的信息产品起主导作用的根本性转变。它强调信息产业的长足发展。

3. 现代信息技术应用视角下的信息化

信息技术在通信、网络管理和计算机利用中正走向一种"趋同状态"，当今世界工业标准的发展与使用，以及电信管制在世界范围内的日益增长是信息化的根本标志。这种观点认为信息化的基础就是电子技术、通信技术、计算机技术等的发展和应用。

4. 文化视角下的信息化

信息化是由现代信息技术的发展和广泛应用引起并推动的，人类社会是由现代信息技术革命引发的一次新的社会结构和文化的变革。[①]

上面对信息化概念的研究观点主要是从产业基础、社会意义、技术特征等视角出发而提出的，有的学者认为信息化就是将信息技术利用起来而促进信息经济增值与发展的过程；有的学者认为信息化是社会文化发展到一定阶段的产物，是文化进入全新发展阶段的过程；还有的学者认为信息化是一种新的社会格局、经济格局，它是相对于工业化而言的。总之，信息化具有重要的社会意义和文化意义，信息化的发展促进了社会结构的优化，使人们的生产生活方式、就业方式、消费方式等发生了翻天覆地的变化，它的意义不仅表现在技术领域、传播领域、经济领域，更在社会生活的各个方面全方位渗透，是社会变革的伟大成果，是人类文明发展的重要成就，我们要高度重视信息化的经济意义、社会意义以及文化意义。

① 高霞. 论信息化时代的青少年信息伦理教育 [D]. 山东师范大学，2009.

（二）信息化时代的特征

1. 信息传播数量多

全球化时代的到来使得知识、信息的传播不仅数量多而且速度快，而进入信息化时代后，信息数量变得更多，信息的爆炸与饱和已经成为人们必须面对的客观现实。在信息大量传播中，人们从多个视角理解信息，从而促进了人类价值观念、思维方式的多元化。

2. 信息传播速度更快

信息化时代背景下，信息传播不仅海量，而且速度飞快，信息的飞速传播使得全世界的重要新闻在第一时间被各国人民知晓，人类进入了信息全球化时代。世界各国、各民族的信息在全球范围内加速传播，五花八门的信息在人类共建的"地球村"相互整合、交汇，被世界各地的人传播、分享、评价。人类是生产信息的主体，也是接收和消费信息的主体，现代传播媒介越来越多样化，越来越发达，同一信息可能同时传播到世界各地，被世界人民共享，具有鲜明的即时性特征，而且如此飞快地传播也保留了信息的原貌。人类传播信息、进行信息交流与互动的速度越来越快，大众传播媒体如电视、广播等的发明与流行使人们能够快速掌握世界各地的信息，计算机网络的出现为人们的远程交流与互动提供了良好的平台，人类的时空距离正在被消除。

3. 人类生存空间的网络化

人类的时空距离因为信息技术的出现而不断缩小，网络的出现使得地理上的距离限制被打破，人们可以随时随地进行远程交流。网络使得人类过上了更加自由的生活，已经成为人们生活中不可缺少的一部分。人类的生存生活空间因网络的出现而得到了拓展。

4. 人类的交往方式多元化、交往空间扩大化

当前，世界经济格局、经济增长方式因信息技术的发展而彻底发生了改变。网络经济社会正是因为信息技术革命才形成的。人类的交往方式受到了信息化的重要影响。信息技术的革新使人与人之间进行着越来越便捷的交往，基于信息技术而形成的交往方式比传统交往方式更

多元化、高效化。信息技术的发展也促进了很多社交软件的产生,如脸书、微博、微信等,这些交往软件有很大的自由性,而且具有即时性,人们时时刻刻都能在第一时间将自己的最新动态分享在平台上。

全球化、电子化、智能化、非群体化等是信息化的重要属性,正因如此,全球性、虚拟性、开放性和交互性等成为人们在信息化时代交往方式的典型特点,人际交往空间也因此而一步步扩大。

(三)教育信息化的内涵

信息化给教育带来的影响可以说是革命性的。一个国家的教育现代化发展水平是由教育信息化水平衡量的。教育信息化的重要性已经得到了全世界的认可和关注,教育现代化发展离不开教育信息化的推动,教育信息化的革命是全球性的,这场革命在世界各国被点燃,如火如荼,声势浩大。教育信息化对教育的影响遍及学校教育、家庭教育、社会教育等各个教育领域,对高等教育的影响尤为明显。因此对教育信息化进行研究具有重要意义。

下面从几个方面来理解教育信息化的内涵。[①]

(1)教育信息化发展的最终目的是促进教育现代化。

(2)教育信息化的应用与推广主要面向教育教学、教育科研和教育管理等各大教育领域。

(3)教育信息化在教育教学、教育科研和教育管理等领域中的应用与推广包括信息与信息技术两大方面。

(4)教育信息化强调在整个教育领域应用与推广信息与信息技术的同时,必须以教学领域为重点。

(5)现代信息技术的不断发展是教育信息化前进的内驱力。

(6)教育信息化是动态发展的,而非一蹴而就。

---

① 赵兰. 教育信息化时代大学生学习文化转型路径研究 [D]. 山东师范大学,2015.

二、网络教学

（一）网络对教育的支持

网络在社会各个领域的应用越来越广泛、频繁。教育领域中也越来越注重对网络技术的运用，如计算机教学手段在课堂教学中发挥着重要的辅助作用，网络教学模式和多媒体教学模式被构建、实施，这都是网络技术发展给现代教育带来的积极影响，这充分体现了网络技术在很大程度上支持甚至是支撑着教育的发展。网络技术支持教育，主要从计算机技术在教育领域的运用中体现出来。下面从三个方面来说明网络技术对教育的重要意义。

1. 提高教学效率

现在有很多网络教育软件成为学校教育教学的重要辅助工具，有些软件的价格和普通的书籍差不多，在相同教育成本的前提下教学效率却可以大大提高。校园网在学校教育教学中也发挥着重要的作用，为学校教学管理带来了便利。

2. 创造良好的教学环境

计算机技术的应用为学校教育教学创造了生动有趣的教学环境，吸引了学生的注意力，提高了师生的教学热情与积极性，改变了枯燥的教学氛围，提高了教学效果。动画、录像、图像等基于计算机软件而设计的教学资源对传播信息具有重要的作用，也为教学中的师生互动提供了便利。

3. 丰富教学方式

现代教育技术如多媒体、计算机以及网络的运用极大地丰富了教学方式，提高了教学信息的传播速度，也使教师与学生处理信息的能力和效率得到了提升。

利用现代网络媒体技术而形成的教学活动方式如图 1-1 所示。

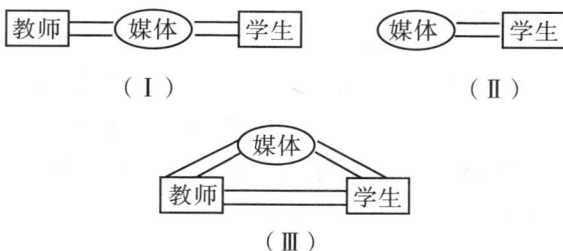

图1-1　网络教学活动方式①

下面简要解释上图中的三种模式。

模式（Ⅰ）：教师借助媒体手段可以快速、准确地对学生的集体信息与个人信息进行收集。

模式（Ⅱ）：教师分析收集的信息，从学生的实际情况出发进行针对性和个性化教学。

模式（Ⅲ）：教师对计算机技术加以应用而组织教学讨论活动，活动的中心是学生，组织者是教师。

综上分析，网络技术给教育带来了非常重要的积极影响，不仅使学校教育方式发生了显著的变化，也使学生的学习方式越来越丰富、多元，而且还深刻影响了现代教育理念、教育方法以及教育模式。我们要抓住网络时代的重要机遇，利用网络技术提供的便利搞好教育事业，早日实现教育强国的宏伟目标。

（二）网络对教育的挑战

网络技术的发展一方面给现代教育提供了极大的便利，体现出网络时代对教育的支持与重要性。但另一方面也对教育提出了更高的要求，使教育面临严峻挑战。信息化社会对学校教育的人才培养模式提出了很高的要求，具体体现在以下几方面。

1. 对培养目标的要求

要求学校教育培养全面发展型人才，尤其提出新型人才要有良好的创新素养。

① 　王文悦．信息化时代语文阅读教学的发展趋势探讨 [D]．华东师范大学，2002．

2.对培养内容的要求

要求向学生传授学习的方法,使学生能够采用适合自己的方法进行自主学习,使学生能够积极主动地以正确的方式和渠道获取新知识,巩固旧知识,提高学生的自主学习能力和效率。不能一味将大量知识灌输给学生,使学生被动学习。

3.对培养方法的要求

要求突破时空限制而设计科学有效的、丰富多彩的、灵活可调整的教学方法,创造对学生学习各个学科知识都有普遍适用性的教学方法,教学方法要体现终身教育理念、全面教育理念。

我国传统教学模式和人才培养模式下的育人环境是被动的,学生缺少主动学习与探索的意识和能力,学生掌握的社会信息、国际信息很少,他们主动或被动与外界信息隔绝,所以学生的信息素养相对较差。而现代社会需要的是全面发展的新型人才,对人才的信息素养提出了一定的要求,所以学校应注重对学生信息素养的培养,重点培养学生的信息接收能力、理解能力、处理能力和创造能力,使学生在丰富多彩的校内外交流活动中塑造良好的信息素养。

(三)网络与课程的整合

1.网络技术与课程整合的理论依据

网络技术与课程的整合并不是盲目的,而是建立在一定的理论依据之上的,这些理论主要包括教育学理论、多元智能理论、系统理论等多个方面。

（1）教育学理论

①教学过程最优化理论

在整个教育学理论体系中,教学过程最优化理论占据着非常重要的地位。这一理论起源于20世纪70年代初期,它是由苏联教育家巴班斯基提出来的,这一理论一经提出就引起了当时教育界的强烈反响,发展至今仍然发挥着重要的影响。

在教学系统中,教学过程是极为关键的程序与内容,良好教学效果的取得在很大程度上取决于教学过程最优化。教学过程的最优化是指"教师有目的地选择一种确保教学过程顺利实施的最佳方案。它能保证教师和学生在花费最少的必要时间和精力的情况下取得对该具体条件来说是最大收益的结果,使每个学生得到最好的发展,使教学达到最好的效果。这个效果反映在学生身上就是确保每个学生都获得适时、最合理的教养、教育和发展"。

教学过程最优化的内涵突出表现在以下几个方面:

第一,遵循教学的基本规律与原则。

第二,充分考虑教学环境与条件。

第三,制定与选择合适的教学方案或计划。

第四,合理地组织与管理教学过程。

第五,在规定的时间内,争取获得最大可能发展的效果。

教学过程最优化的具体实施内容包括以下几个方面:

第一,结合具体的教学实际,全面分析教学任务,提出建议和对策。

第二,深入学生实际,确定教学组织内容。

第三,依据教学大纲突出教学的重点与难点。

第四,分析具体的教学条件,确定合理的教学方法。

第五,开展差异化教学。

第六,确定最优化的教学进度,取得理想的教学效果。

②有效教学理论

有效教学是关于教学质量提高的一个非常重要的理论,国内教育学专家主要对这一理论进行以下解释:

第一,利用经济学理论对有效教学的效果、效益、效率等进行阐释。

第二,有效教学的内涵集中体现在"有效"和"教学"两个方面,要从这两个方面对有效教学的概念做出界定。

第三,以学生发展为价值取向来界定有效教学。

第四,从表、中、深三个层面来阐述有效教学的结构。

(2)多元智能理论

目前,多元智能理论在各个领域都得到了比较广泛的应用,其中在教育领域应用的频率比较高。[①] 如今这一理论在国际教育界得到了极为迅速的传播和发展。这一理论符合当前教育改革的思想与潮流,注重

---

① 梁培根. 信息技术与高校课程有效整合的策略研究 [D]. 苏州大学, 2011.

学生潜在能力和个性化发展,对于人才的挖掘与培养及整个学校教育的发展都产生了深远的影响。

　　一般来说,多元智能理论主要包括言语/语言智能,逻辑/数理智能,视觉/空间关系智能,音乐/节奏智能,身体/运动智能,人际交往智能,内省智能,自然观察者智能,存在智能等九个方面。这几个方面的智能对人的发展产生极为重要的影响。

　　发展到现在,网络技术在学校教育领域得到了非常广泛的应用,在这一技术的应用下,教学改革、创新人才培养等都实现了突破式的发展和进步。网络技术与课程整合发展成为现代教育的一个趋势,这一发展的理论和途径要以先进的教育理论为指导,而多元智能理论就提供了这样一种科学的理论构想。建构主义理论为网络技术与课程的整合提供了重要的理论支持,而多元智能理论则为教育的发展指明了方向。多元智能理论认为智力是多元化的,即智力不是一种能力,而是一组能力。

　　多元智能理论非常注重学生多种智能的发展,强调在促进学生多种智能发展的同时,要保证其优势智能的发展,在这样的情况下,学生能获得全面发展和个性化发展。在多元智能理论指导下实施网络技术与课程整合就是要通过营造一种数字化的学习环境,建立一种"主导—主体相结合"的教学结构,促进学生多元智能的发展,这对培养学生的创新意识与能力具有非常重要的作用。需要注意的是,为促进学生多元智能的发展,需要为其构建一个浓厚的学习氛围,要满足不同学生的学习需求,这样才能实现人才培养的目标。

　　(3)系统理论

　　系统主要由若干子系统构成,小的子系统又包含诸多元素,这些要素不是固定不变的,而是处于不断的发展和变化之中。

　　系统的形成与发展需要具备元素、结构和环境三个基本前提,只有具备了这几个要素,才能形成一个完整的系统。

　　①元素。系统包含多方面的元素,这些元素之间不是孤立存在的,而是相互联系、相互促进,推动着整个系统的发展,缺少了任何一方面的元素,系统的发展都会受到一定的影响。

　　②结构。任何一个系统的发展都不是盲目的,而是在一定的结构下发展,系统的结构要保持完整,如此才能获得健康的发展。任何系统都有一个特定的结构,采取各种手段与措施完善这一结构对于系统的整体发展而言具有非常重要的意义。

③环境。环境也是系统发展的重要因素,正是在这一要素的促进下,系统才得以形成与发展。没有了环境,系统也就失去了存在的基础,因此建设良好的环境对于系统的发展非常重要。

以上就是系统得以形成与发展的重要前提和条件,每一个方面都非常重要,掌握系统论的基本理论对教育的发展具有重要的意义。

通常来说,一个完整的系统应具有以下几个方面的特征:

①集合性特征。系统是一个有组织的整体,系统内元素众多,各元素组合在一起集合为一个系统,因此说系统都不是孤立存在的,而是由不同元素(子系统)按照一定结构有机组成的。

②整体性特征。系统内包含多种要素,每一个要素各有自身鲜明的特点与功能,同时也有一定的缺陷,需要经过优化与组合,才能构建一个健全和完善的系统。因此说,系统具有重要的整体性特征。

③相关性特征。系统内各要素之间有着非常密切的联系,各要素的发展都是为整体系统服务的,在这些要素的密切配合下,系统得以不断发展。在教学系统中,教师、学生、教材等都是教学系统内的各个要素,它们之间彼此联系、共同发展,推动着教学系统的进一步发展。

④反馈性特征。系统要想顺利地运转,就需要具备良好的自我调节能力,这一能力需要通过反馈获得,通过反馈可以使系统收集到系统内部与外部的相关信息,然后系统根据这些信息做出自我调节,从而维持系统的稳定性。由此可见,系统具有重要的反馈性特征。

教学系统非常复杂,主要由一个个子系统构成,各子系统又由诸多要素构成,这些要素的特征与功能决定了教学系统的功能和特点。在教学中,要设计出合理的教学方案,首先就要充分了解系统内各要素的构成、特点与功能。一般来说,教学系统主要由以下要素构成:

①学生。学生是教学活动中的重要主体,一切教学活动的开展都应围绕学生进行,这体现了"以人为本"的基本理念。学生要想获得良好的发展,就必须要建立一个良好的知识与技能结构,包括理论、体能、技能等多方面获得共同发展。

②教师。教师也是教学活动中的重要主体,教学活动的顺利开展离不开教师的指导。教师除了要具备丰富的知识与技能外,还要具备出色的教学组织与管理能力。在具体的教学活动中,教师要充分发挥自身的主导性,组织与管理好整个教学过程,提高教学的效率和质量。

③教学方法与手段。在教学中,教学方法与手段的选择非常重要。

教师要结合当前教学实际和学生特点选择合适的教学方法与手段,并不断地创新,以适应教学的发展需要。伴随着现代科学技术的发展,各种网络技术逐步应用到教学之中,极大地提高了教学的质量。

④教学媒体。教学媒体也是教学的重要因素,缺少了教学媒体,整个教学活动也是难以顺利进行的。一般来说,教学媒体主要分为传统教学媒体和现代教学媒体两个部分。如今,现代教学媒体得到了广泛的应用,在教学设计的过程中,设计人员要多考虑现代教学媒体这一方面的内容。

2. 网络与课程整合的特征

网络技术与课程的整合已经被证明是非常有效的一个促进教学发展的手段,这一手段的特征主要表现为数字化、网络化、多媒体化、智能化和人本化等几个方面。该手段在这几个方面与传统的教学手段相比表现出明显的优势。

(1)网络化特征

如今整个社会已进入一个网络化信息社会,网络对人们的影响可谓无处不在。以计算机网络技术为支撑,各种设备及资源得到了高度的整合,以往传统的教学从封闭走向了开放,这极大地促进了教学的发展和进步。网络技术与课程整合,可以实现网上学习。这样极大地扩展了学习资源的范围,打破了空间和地域的限制;教学过程从课堂内扩展到课堂外,从校园扩展到家庭和社会。

除此之外,网络化的出现还极大地改变了人们的思维方式和习惯,养成了一种主动学习的模式和习惯。网络技术与课程整合插上了网络这个神奇的翅膀,使得教育打破了沉寂了上千年的模式,也使得学习、欣赏、交流的渠道得以无限延伸。

(2)数字化特征

数字化是网络技术与课程整合的一个重要特征。网络技术主要包括硬件设备、软件平台和信息资源的数字化,实现数字化可以加快信息的传播速度,提高信息资源共享的效率。数字化的特点主要是容量大,一般以 M(兆)为单位。体积小,便于贮存和携带及远程传输,为网络化模式奠定了基础,网络技术的教学也是这样。如今,数字化技术不仅在各文化课学习中得到了充分的利用,在课堂上,尤其是理论课上,教师可以充分利用多媒体技术进行视频教学,激发学生学习的兴趣,从而提高教学的效率,促进教学的发展。

（3）多媒体化特征

多媒体化也是网络技术与课程整合的一个重要特征。在这一新式的教学手段下,各种教学资源都能得到充分的整合与利用。通过网络技术,课程教学中能充分运用图形、影像、声音、动画等各种手段虚拟现实,对学生的视觉、听觉、触觉等感觉都形成一定的刺激,这对学生获取知识和技能具有非常大的帮助,这是传统教学手段所不具备的。在多媒体网络技术下,开展教学活动通常能提高教学效率,促进教学发展。具体而言,网络技术与课程整合的多媒体化特点主要表现在以下几个方面:

①大量的心理学理论研究表明,多重感官同时感知的学习效果要优于单一感官感知的学习效果。

②一般来说,现代多媒体技术的传输信息量大、速度非常快。利用多媒体系统的声音与图像压缩技术能有效地记录、重现大量的语音、图形、图像乃至活动画面信息,在以往的技术条件下是难以实现这一效果的。

③多媒体化下的技术手段信息传输质量较高、应用范围也比较广泛。由于多媒体系统的各种技术处理都是数字化的,通过数字化技术的处理,能再现、还原各种教学场景,这对学生掌握复杂的技术具有非常大的帮助。

④多媒体化教学通常使用方便、易于操作。整个教学系统主要以鼠标、触摸屏、声音选择输入为主,辅以键盘输入,操作比较直观,任何人都能轻松地操作,为教师教学提供了良好的辅助。

（4）人本化特征

人作为社会发展中的重要因素,对整个社会的发展起着十分重要的作用。教育的根本理念是培养学生独立的人格,提升学生的创造力,一切教学活动都要围绕学生开展,这就是人本化特征。在利用网络技术教学的过程中,教师要努力营造一个和谐民主的教学环境,要以学生为中心开展教学活动,注重激发学生学习的积极性。

伴随着时代的不断发展,各种网络技术手段得到了充分的利用,体育教学的数字化、媒体化能有效地提高学生学习的效果。另外,现代网络技术手段的利用,促使学生能够自主学习,从而取得发展和进步。各种网络技术的运用,使得教学资源得到了共享,人机交流更加密切,信息反馈更加及时和有效。学生可以依据自身的具体实际自由选择自己感兴趣的内容,真正做到"因人施教"。由此可见,网络技术与课程的整合能充分发挥学生的个性与潜能,推动其进一步发展。

总之,在教学中,营造一个浓厚的人文环境是非常重要的。一般来说,一个良好的人文环境主要包括现代教育思想、现代教育理念、教育技术政策与法规、学习风气与氛围等几个部分。要想加强网络技术与课程的整合,没有这种良好的现代教育人文环境氛围是难以完成的。在构建这一环境的过程中一定要注重人的作用的发挥,遵循人本主义的基本原则,努力实现发展的目标。

(5)智能化特征

各种高科技手段都具有一定的智能化特征,因此网络技术也具有这方面的特征。如今的各种教学设备和软件等都具有一定的智能性,通过对各种先进网络技术的利用,学生与教师也能探索出具有先进性的学习模式。例如,最新的智能辅助教学系统对学生的学习能力、认知特点和当前知识水平等都有一个很好的把握;对学生的学习具有良好的帮助。因此,网络技术的智能化特征对促进教学质量的提高具有重要的意义和作用。

第二节　移动网络辅助大学英语教学

在经济全球化背景下,如何培养符合时代发展的多元性人才已经成为高校教育需要解决的主要问题。我国教育部门提出了教学改革新的目标,大学英语教学全面改革已经成为重点工程之一。大学英语教学改革的主要目的是培养当代大学生英语实践及英语表达能力,将重点放在英语听、说、写等方面。改革的主要目标是:在大学英语教学过程中充分应用多媒体教学方式,通过现代化教学方法,发挥出现代教学技术在传统英语教学领域的作用,改变传统的知识授课模式,促进学生主体能力培养与转型。网络技术属于一种通信工具,目前已经实现了整体的普及,对高校大学英语自主学习来讲,可以通过网络的方式完成同步或者异步交流。网络英语教学和传统英语教学相比具有时空分离和师生分离的特点,应用现代化教学技巧,将教学资源远距离传输给学生。

一、移动学习环境下的大学英语教学

（一）基于智能手机的移动学习

移动技术极大地丰富了英语学习的方式，从最初的电子词典、掌上电脑到现在的智能手机，均得益于移动技术的发展。基于移动技术的英语学习在大学英语的教学中扮演着越来越重要的角色。与此同时，智能手机的快速发展及在大学校园内的高使用率，使得借助智能手机进行英语移动学习成为了必然趋势。

智能手机存储量大，能够存储文本、图片、音频、视频等，图文并茂的应用软件增强了学习的趣味性。同时智能手机携带方便，价格能满足各个经济层次学生的需求。学生也可以根据自己的学习能力和状态，实时调整学习进度和学习内容的呈现方式，并可以重复学习，有针对性地进行复习和巩固。尽管智能手机最初并不是为教育而设计的，但它有许多内置功能，可以方便语言教学。对于中国大学生而言，移动辅助语言学习对英语学习的影响是多维度的，体现在词汇和短语方面的有各种英语电子词典及词汇软件，如有道、海词、百词斩等，方便学生随时查阅英语词汇。在听力学习方面，智能手机可下载各种英语有声学习 APP，材料真实，涉及领域广泛且更新快。如喜马拉雅中的 TED 英语演讲、China Daily、VOA 和 BBC News 等。在口语学习方面，目前智能手机中的多种软件有跟读且打分的功能。例如，英语口语 8000 句、有道词典等。随着 OPEN AI 公司推出的聊天机器人 ChatGPT 的出现，学生可以在智能手机上随时和聊天机器人互动。同时学生还可以利用智能手机在中国各大英语出版社所创建的学习平台进行听说读写译的全方位学习，如外研社的 U 校园学习平台、外研讯飞口语训练系统、Itest 自主学习及在线测试系统、外教社 Welearn 随行课堂等。这些移动学习平台都能帮助大学生提高英语综合运用能力，帮助他们更好地讲好中国故事，传播中国声音，成为有国际视野的国际人才。

（二）智能手机在大学英语教学中的使用效果

研究表明，基于网络的学习活动能够鼓励学生积极参与，主要在于网络能够为学生提供丰富的学习资源。也有研究指出,网络上约有80%的英文资源对二语学生是有用的。网络为学生提供了大量不受时间、地点限制的电子资源。在中国,信息技术的快速发展促使英语教学从传统式教育转向计算机辅助教学。近年来,基于智能手机的移动学习英语教学在很多高校普及开来,这使得多数中国学生越来越多地接触移动学习。

也有研究表明,智能手机容易分散学生注意力,因此一些教师甚至采取了禁止在课堂上使用智能手机的方法。与之类似,在澳大利亚、英国和法国,也有学校禁止学生在教室使用手机。成长于不同的技术时代,教师和决策者可能对移动技术在课堂上的用途有不同的体验和看法。学生是所有学习活动的中心,缺乏对移动学习工具的理解,可能导致他们抵制基于智能手机的语言学习的实施。因此,从学生自身的角度确定推动智能手机应用于语言学习中的因素是至关重要的。然而,和传统学习方式相比,移动学习终究是一种新型的学习模式。经济水平的差距使得一些在学龄早期接触过电脑的学生拥有较好的网络使用技能和适应性。一些计算机使用技能较弱的学生很可能在学习过程中产生网络迷失,影响最终的学习效果,这就导致个别学生移动学习的最终成绩波动较大。因此,学生在平时的移动学习中,应注重在线学习技能的练习,充分利用有益的网络资源,使智能手机最大程度地服务于学习。

(三)学生对在英语学习中使用智能手机的态度

有学者采用问卷调查结合半开放式访谈的形式探讨了移动学习在大学英语教学中的影响。结果显示,90%的学生对基于智能手机的移动学习是持肯定态度的。他们认为智能手机中的在线词典、注释等在很大程度上能使学生更加高效、直观、便捷地获取和理解文本信息,并能激发学习的兴趣,提高学生的热情。有10%的学生对手机移动学习持否定态度。他们认为在使用手机学习时容易被干扰,时间稍长就会感觉难以集中精力。还有的学生认为手机学习不如纸质学习方便,不能随意标注、做笔记,并且容易形成依赖性。可以看出少数学生在使用手机学习中不能把握重点,自控能力不够强。

在使用移动学习资源的调查中,近80%的学生有过听英语歌曲和看英语电视剧学习英语的经验。然而,当教师解释结果时需要谨慎,因为这些活动可以以不同的目的进行。换句话说,对于出于休闲目的的学生和出于学习目的的学生,看英语电影会产生质的不同。虽然附带学习对词汇、听力和阅读技能的发展是有益的,但有效的学习策略和教师的支持对学生来说是最重要的。

还有一些学生没有任何使用移动设备提高英语口语的经验。尽管研究人员主张使用当前技术的音频或语音功能进行学习,但目前研究较少。中国学生不使用移动设备说英语的两种可能的解释是:传统评估中对说英语的重视程度不够,以及中国的哑巴英语。由于对说英语感到恐惧或缺乏信心,学生有时会采取回避策略,把注意力集中在其他语言技能的练习上。例如,在香港特区,有报告称,学生很珍惜在教室外反复排练视频脚本来练习说话的机会。也有研究结果表明,与单独学习的学生相比,合作学习的学生报告的参与焦虑较少。

总之,提高英语学生的口语能力并不是一件容易的事,教师应该为学生提供认知和情感支持。学生在平时的学习过程中应加大练习力度,而与此同时,英语教师也应充分发挥指导作用,通过设计新颖、有趣、贴近实际的任务,激发学生的学习热情,通过大量的语言输出实践引导学生在用中学、做中学,从而将记忆性知识转换为输出性知识,将知识转化为能力,实现情感与能力发展的良性循环。

（四）影响大学英语移动学习的因素

1. 有利因素

（1）在线词典。在线词典以其快捷、实时、高效等特点受到了学生的青睐。应用在线词典可以缩短阅读时间,方便快捷地查找目标词义,有利于学习理解的顺利进行。有些在线词典还提供了多种周边扩展功能,如拼写提示、音标反查,有利于学生的理解和记忆。

（2）在线翻译。在具体的写作过程中,学生会先用汉语写出一些结构复杂的句子,然后利用在线翻译直接翻译成英文。通过在线翻译,学生能够检查自己所写的英文是否通顺。

（3）可编辑性。有一半的学生认为在线写作的可编辑性是一个有利因素,可以随时不留痕迹地增减信息,也可以把复制而来的信息按自己所需的方式编辑成想要的文档。在线平台提供了大量有益的英语信息,利于他们及时搜集素材。且不少网络资源图文生动,声情并茂,使学习变得更加生动有趣。

2. 不利因素

(1)网络迷失。所谓网络迷失主要指学生在线写作时容易受到网络中不相干信息的干扰,分散注意力,影响最终写作成绩。而传统模式下的写作环境相对单纯,学生不易受其他因素的干扰。

(2)写作习惯。这里所说的写作习惯主要指传统模式下的写作习惯。大多数学生依然习惯于纸质写作,对于在线写作不能完全适应。

(3)身体不适。长时间看电脑会导致眼睛干涩、颈椎疼痛等。

(4)距离感。部分学生认为在电脑上写作会有一种距离感,并把在线写作称为人与机器的交流。

二、移动网络在大学英语教学中的应用与利弊

我国教育部提出各个高等院校应及时改进单一的英语教学模式,从以教师为课堂的主体逐渐转变为以学生为课堂的主体,充分利用移动网络技术,使大学英语教学不仅仅停留在课堂当中,还可以在其他时间与地点开展。在大学英语教学中融入移动网络,不但能够调动起学生学习的积极性,更能够展现出英语的趣味性与实用性。并且,大学英语教学更注重的是学生对英语的应用能力,即听与说的能力,将移动网络与大学英语教学相融合,能够建立起一个专业的英语教学模式,改善学生学习英语的环境,实现教学的多样化,让学生能够在英语的环境当中不断实现英语能力的提升。那么移动网络是怎样应用到英语课堂当中,又有哪些利弊呢? 下面将进行具体分析。

(一)移动网络在大学英语教学中的应用特点

第一,将移动网络应用在英语教学当中能够为学生提供一个更加真实的交流环境以及交际的氛围,能够增强学生对英语的应用能力,并能够不断培养学生的英语语感。

第二,传统的大学英语教学往往只是根据所选择的教材进行教学,教学知识都是固定的,往往几年甚至是十几年才更换一次,有的知识过

于陈旧,一些知识已经无法适应当下快速发展的社会。但移动网络却是实时更新,并且知识面非常庞大,它能够让学生轻松、快捷地读到当天的英美电子版的报刊及杂志。移动网络的世界是庞大的,它涵盖了各种各样的英语知识,以及多种多样的与英语相关的背景知识,是学生取之不竭的知识宝库。将移动网络应用到大学英语的教学当中,能够让学生随时随地并且自主寻找与英语相关的各种信息,这样就能够提高学生学习英语的自主性,并不断丰富学生的英语知识面。

第三,移动网络的交互性极强,能够让学生与真正的外国友人进行交流,他们的英语口语是最纯正,也是最正宗的,这种通过移动网络进行交流的方式,能够不断提高学生听与说的能力,增强学生的交际能力。

第四,移动网络当中的英语极富趣味性,学生可以通过电影、歌曲、游戏等多种方式了解并学习英语,各种各样的方法都能够在移动网络当中实现,使大学英语的学习更加轻松,不会对学生的学习造成巨大的负担,让学生在不知不觉中学会英语、学好英语。

（二）移动网络在大学英语教学中的应用方式

如今,手机已经是人们生活当中不可或缺的一种电子设备,手机的普及也让移动网络在大学英语教学当中的应用方式更加多样化。目前的应用方式主要有以下几种:

首先,在疫情期间,微课、慕课等网上课程形式逐渐兴起,大学英语教师可以通过一些直播平台进行直播并进行录课,对一些学生难理解的知识进行课外辅导或讲解,并通过连麦或弹幕的方式与学生进行沟通与交流。通常微课与慕课的时长不超过 30 分钟,这样的时长能够将学生碎片化的时间利用起来,且 30 分钟时长的内容对于学生来说较为丰富,理解上也不会很吃力,对于学习来说非常有利。不但可以解决大学英语课堂当中教师讲授的时间过长,导致学生学习的时间较少的问题,还可以加强教师与学生之间的沟通,通过连麦或是发送弹幕等方式与学生积极进行互动,得到学生及时的反馈,并可以通过这种方式及时解答学生的疑问。

其次,大学英语教师可以利用移动网络当中的社交平台对学生的作业完成情况以及相关的通知进行了解。例如,教师们可以建立一个微信群,利用微信群公告发布相关的作业以及通知等,并可以在群内公布答案,让学生能够接收到实时的英语知识以及消息。还可以通过微信朋友圈分享一些英语当中的好词好句好文章,拓宽学生的眼界,或发布一些与课程或英语四、六级等级考试相关的视频资料或链接,将纸质版的资料转变为便于携带的电子版资料,为学生提供丰富多彩的学习资源,这样将移动网络与英语教学相结合的方式,不但能够解决课本固有知识陈旧、无法吸引学生学习的问题,还能够拉近教师与学生之间的关系,使教师能够更加深入地了解学生,并能够及时地督促学生进行学习,使学生获取资料的途径更加多样,还可以利用聊天功能在线上解答学生提出的问题,不断指导学生学习英语的方法,从而减少利用课堂答疑的时间,让学生更好地学习英语。

最后,移动网络的推广衍生出了许多产业,软件开发便是其中之一。当下,英语学习的软件已层出不穷,且功能各不相同,有能够加强学生单词背诵的软件,如百词斩;也有锻炼学生听力的软件,如星火英语等,甚至还有一些与英语相关的小游戏软件。这些软件将英语知识内化到不同的形式当中,将英语听、说、读、写这四项基本能力发挥到了极致,学生不但可以利用移动网络查阅一些自己不会的单词及语法等,还可以通过不同的软件提升自己的各项能力,学生可以有针对性地下载不同的软件,应用这些软件促进自己英语能力的提升。

(三)移动网络在大学英语教学当中应用的利

当下,移动网络已经逐步渗透到了大学英语教学当中,教师与学生也都已经逐渐熟悉了这种教学模式。那么移动网络在大学英语教学当中有哪些好处呢?

1.增强教学直观感受,激发学生学习兴趣

从心理学的角度分析,学生在学习的过程当中如果没有一个愉悦的心情,就不能对学习产生兴趣,只能当作一种负担。英语的学习本身是枯燥的、抽象的,将移动网络应用到大学英语的教学当中不但能够将抽象的知识转变为更加形象的、有趣的内容,而且能够为学生营造一个可听、可视的英语环境,创造一个悦耳、悦目、悦心的交际场景,这种方式能够极大地调动起学生学习英语的积极性,使学生能够怀着愉悦的心情进行学习,从而更自觉地与教师进行英语口语的交流与互动,而且在讲

解一些内容抽象的文章时,移动网络还可以为学生提供一个更加直观形象的场景,在观看场景的同时,能够更加深刻地理解并记忆相关的知识点。另外,这种运用移动网络的方式能够将课堂当中的英语教学逐渐延伸到课堂之外,让学生在课余时间自主进行学习,从而有效提高大学生的英语综合应用能力。

2. 拓展学生思维空间,增强学生理解能力

移动网络当中的大学英语教学一般以图文结合或视频的方式为主,这种方式能够潜移默化地增强学生的思维,丰富学生的想象力,学生对视频与图片的理解永远大于文字。移动网络能够不断拓展学生的思维能力,激发学生的再造形象。学生在视觉与听觉相结合的立体空间内,充分展开想象,并不断畅谈自己内心的感受,加强自身的理解能力,并更快更好地投入到英语的学习当中。英语教师还可以根据教学的实际,对视频进行一定的修改,将一些简单易懂的对话内容进行消音处理,让学生对课程产生一定的兴趣,并可以在讲解课文后,让学生配音,加深学生对课文的理解与印象,从而更好地对学生进行发散性思维的培养。

3. 减少"哑巴英语"的出现

以前,我国在英语教学方面特别注重"听"与"写",缺少对学生"说"的能力的培养,导致一段时间内学生所学习的英语知识只能是"哑巴英语",不能够进行实际的应用。而"说"其实是英语教学当中最直接也最常用的交际方式,也是英语教学当中的重要组成部分。因为教学时长的原因,学生在大学英语课堂当中很少有机会开口说英语,能够直接与外国人进行交谈的机会更是少之又少。移动网络能够轻松解决这一问题,它能够通过一些社交平台或是一些网络软件进行虚拟人物的对话,还能够通过耳麦对学生所说的英语进行分析与评定,指出学生发言或是语音当中的失误,这样的方式能够真正让学生开口说英语,并形成优美的语音语调,进而培养学生对英语的语感。

4. 扩大英语教学范围,扩宽学生知识面

将移动网络融入大学英语教学当中,能够极大地扩大大学英语教学的范围以及课堂容量,使得课堂内容更加充实。移动网络不但能够给学生提供不同版本的电子英语教材,还能够为学生提供相关的阅读、写

作、听力等学习资料,甚至还能够提供相关的教学设计、学术论文等。教师可以直接利用这些教学资料与资源对学生进行相关的教学,且能够让学生的学习范围从"教材"当中跳出来,不断拓宽学生的知识面,增加学习的时间,让课堂焕发出新的生机。

5. 有助于教育资源最大限度共享的实现

在教育信息化发展背景下,网络平台的优势愈发显著,其中教育资源共享,便是给教育工作带来的最大好处。说起教育信息化,我们首先想到的就是校园局域网、网上远程教学、网络图书馆等。正是在这种情况下,许多人对教育信息化的第一印象便是硬件配置。在教育信息化的初步实施阶段,许多高等院校在网络硬件的建设环节给予高度重视,成立校园网、多媒体教室、语音实验室等,为课程教学提供更多设备软件。基于网络平台的英语教学,教学资源更加丰富,相比于书本教材,网络所呈现出的资源数量、类型远远超出传统教学范畴,通过建立教育资源共享中心,快速取得多种宝贵的学习资料、数据库、教育信息,还可以通过下载教学软件、搭建英语教学平台等措施,与学生进行教学成果共享。对于学生而言,可以充分利用教育资源中心,快速锁定目标学习文件,以此开展自主学习,摆脱传统教学的空间、资源限制,避免教学资源的分散与流失,最大限度实现教育资源共享。

6. 满足大学生的自主学习需求

大学生正处于身心快速发展时期,对课程学习拥有自己的想法,尤其在听力和口语训练中,具有明确的学习标准与要求。只有在网络环境下进行教学模式的优化与创新,从学生角度出发,才能确保与时俱进,更好满足大学生群体对英语课程的学习需求。合理借助网络教材资源,使英语教材内容得到丰富,快速拓宽教学范围,快速获取最新信息,确保大学英语教学更加切合实际,具有实用性、有效性。对于大学生来说,开展学习只需操作鼠标,便可以快速获取目标内容,不同主题内容的跳转更加方便,语言知识的连接更加轻松、高效。不仅如此,通过开展网络教学,大学生可以自由选取多种测试活动,与教师开展互动交流,拉近师生距离,由教师帮助学生解决课程学习中的重点难题。通过生生之间的互动交流,使学习资源传递更加有效,并在合作学习中增强团队合作意识,丰富自身知识体系。总的来说,在网络英语教学中,英语课程教学更加灵活多样,学生可以穿梭在不同教材内容、知识点中,实现自主浏览、学习与复习,夯实英语知识基础。

7. 营造良好的英语教学氛围

现阶段,国内多所高校均从传统教学模式转向为信息化教学,搭建全新的网络英语教育平台。在现代网络技术的引领下,以网络平台为基础,为教师与学生提供良好的学习交流与互动平台,进一步实现"一对一、一对多"的口语、听力训练,使传统英语课程教学中"重阅读、轻听说"的问题得到有效解决,让学生在轻松、愉快的环境氛围中获得更多宝贵的英语知识。学生操作多媒体技术,结合自身学习需求与能力水平,播放难度适中的复读课文,跟随文章内容进行模仿跟读和语音比对,并在英语教师的悉心指导下,使不正确的语音、语调得到及时纠正。网络学习平台提供的教材资源库,将更多不同层级的听力、阅读、口语等优质教材资料提供给学生,能够有效改善不同层次学生之间的需求矛盾问题,使每个人得到适合自己的资源,既优化了大学英语教学的形式与过程,又大胆突破了传统教学模式下教材、时间、空间的限制,有利于"循序渐进、因材施教"教学观念的深入贯彻落实,为大学英语教学搭建更为舒适、直观、实用的语言交流环境,让大学生在知识的海洋中快乐遨游。

(四)移动网络在大学英语教学当中应用的弊

事物的发展总是有两面性的,移动网络在大学英语教学当中具有许多的优点,当然也带来了一定的问题。

1. 学生过分依赖移动网络

移动网络的世界是丰富多彩的,一些缺乏自律性的学生对丰富多彩的世界毫无抵抗力,导致学生在移动网络当中不仅仅是进行英语知识的学习,还会做一些与学习无关的事情,时间一长,就会将注意力转移到与英语知识无关的事情上。在移动网络进行教学的过程中,教师很难对学生进行监督,大部分时间都只能靠学生的自觉性,且一些软件不可避免存在一些漏洞,一些学生很有可能会趁机弄虚作假,利用漏洞来欺骗教师。因此,教师绝不能够将移动网络作为课堂的主体,而是应当将其作为课堂教学的辅助,利用高科技的辅助手段高效、快捷地为教学服务。

2. 教师过分依赖移动网络

移动网络的发展的确为教师提供了许多便利,尤其是微课、慕课的兴起,为教师减轻了许多教学压力。但有的教师开始过分依赖移动网络,不能够分清课堂主次,在课堂上过多应用微课及慕课,在移动网络上大做文章,将字句段落的教学、朗诵的练习、听力的练习通通在网络上进行,造成学生在网络的世界中应接不暇,这会对学生的英语学习造成许多困扰,教学效率降低。有的教师将移动网络当作教学的主体,只根据自己的教学课件进行讲授,完全忽略了学生的感受,而且一些教师使用的课件也不尽如人意,有的甚至只是从网络上搜索而来,完全没有自己的思考与教学风格,教师的角色更是无从谈起。

(五)移动网络在大学英语教学中的应用建议

将移动网络融入大学英语教学当中既有利又有弊,那么我们应当如何发扬其优点,并摒弃缺点? 以下是移动网络在英语教学当中应用的建议。

1. 教师做好备课工作

移动网络的推行,为教师们的教学提供了一定的帮助与参考。但教师不应完全依赖移动网络的功能,应有计划地对教学方法、教学内容进行思考,将课内与课外活动进行有机结合,不能喧宾夺主,当发现学生在课外活动当中存在一定的问题时,及时进行解答。只顾着对教学内容的创新,是无法从根本上提高学生学习英语的能力的。同时,在移动网络上分享英语相关的资源时,应做到与课堂当中的课程相衔接,提供给学生的资料应符合学生的学习近况,不能够随意分享。

2. 加强对学生的监督

在移动网络当中进行教学或发布相关的教学任务时,教师应对学生的完成情况进行及时的了解,并督促学生及时完成任务。教师也可以设计属于自己的一套监督模式。在移动网络如此发达的当下,教师的监督可能会存在一定的漏洞,所以对学生自律性与自主性的引导极为必要,教师在教学过程当中可以对学生的自主能力进行培养,使学生深刻意识到自主学习的重要性,明白学习英语的意义。

综上所述,就大学英语教学而言,移动网络的融入是很有必要的,大学英语学科是一门基础学科,如果能够充分利用移动网络便捷、直观、吸引学生的特点提供给学生一个丰富的教学环境,不但能够拓展学生的思维空间,增强学生对英语学科的理解能力,还能够扩大大学英语的教学范围,拓宽学生的知识面,增强学生对英语教学的直观感受,并激发起学生学习英语的兴趣,减少"哑巴英语"的出现,这将会大大提高学生学习英语的效果。

第二章

基于移动网络的大学英语教学创新思维

当前,移动网络技术对人们的生产生活产生巨大的影响,对传统的教学方式、教学理念等产生冲击,这给大学英语教学带来了新的活力。随着大学英语教学不断改革与进步,学生不断确立了自己的主体地位。因此,在教学中教授给学生学习技巧是非常重要的。在移动网络支持下,大学英语教学需要创新教学思维,体现以学生为中心的理念,实施分层教学,并优化教学资源,这样才能更好地扩展学生英语学习的内容、培养学生英语学习的兴趣和积极性,让学生学会自主学习与体验式学习。

第一节　大学英语教学的常见问题

在如今的网络环境下,我国大学英语课堂采用的仍是传统的教学方法,这样的旧模式让学生很难适应新环境下的快节奏,这一定程度上导致了学生学习能力下降的问题。

无论是中小学英语教学,还是大学英语教学,通常都以课本为主,由教师担任课堂主导者,以此开展英语课程教学。在教学质量评估中,主要以学生的四、六级考试成绩作为参考标准。这样的教学方式具有局限性,更加注重教师向学生的单项知识灌输,学生只能被动地接受英语知识,课堂主体地位得不到重视与凸显,往往只能跟随教师的思路进行学习,难免对教师形成过度依赖,无法具备良好的自我学习意识与能力。并且,教学资源是影响教学质量的一大因素,在有限的课本资源中,学生所掌握的知识内容往往是有限的,这对学生个人能力的提升造成了一定限制,不利于英语教学效率的提升,无法充分激发学生的自主学习动力,最终导致学生学习效果并不理想,实际教学效率也大打折扣。正因如此,大学英语教学创新改革迫在眉睫,必须要从现代数学理念出发,合理借助网络平台带来的便捷,不断创新教学模式、优化教学流程,改善传统教学模式的弊端与缺陷,让更多海量阅读资源进入课堂,在传统书本与现代技术的融合运用下,为学生创建全新的学习课堂,实现学生英语学习能力与课堂教学效率的共同提升。

一、教学存在的问题

目前,我国的大学教育处于改革的新阶段,多媒体背景下,大学英语教学仍存在许多问题,许多大学院校并不重视英语教学,对于英语教学的安排仅仅停留于开设英语课程上,对英语课程的课时安排等都没有尽心,许多大学院校的领导认为只需要教授学生专业知识即可,对英语教学置之不理,这导致大学英语教学面临各种各样的困难,并且在多媒体背景下,许多大学院校并没有充分发挥多媒体技术在英语教学中的作用,这对英语教学产生了严重的消极影响。

（一）课堂学生过多

随着我国教育机制的逐渐完善,高校开始进行扩招,从教育成果上来说,我国的教育行业迎来了前所未有的好机遇。但扩招人数众多的基础条件下,潜藏着很多未能解决的问题,其中之一便是课堂上的学生人数过多。由于扩招凶猛,教师资源得不到及时补充,常常导致一堂课上一个教师给六七十个学生教学。在这样的人数压力下,使教师不能完善地管理课堂,直接导致了一些教学事故的发生。在人数众多的情况下,教师对知识的讲解只能尽可能地慢一些,以此来应对多个学生的提问。众所周知,英语课堂最重要的就是教师和学生之间的对话交流,缺少了这一环,学生的英语口语水平就得不到质的提高,而课堂人数过多导致师生对话机会少,因此学校在进行扩招的同时,更应注意师资资源的补充。

（二）课堂教学模式单一

在现代化教学课堂上,随处可见的是教师对多媒体网络课件的灵活运用,而对于大学来说,很多有资历的教师都是上了年纪的老教师,这些老教师对教学方法的认识是陈旧的,甚至很多教师抵制多媒体教学,坚持使用口语教学。对于现代课堂,应更多地注重效率和质量齐头发展,对于传统教学模式,教师很难在保证教学质量的同时兼顾教学效率,这也就导致了很多课程难以跟上进度。特别是在大学英语课堂上,教师难以和学生进行沟通,只能进行枯燥的口头讲解,学生听得不舒服,学习成绩也难以提高。为了应对这样的情况,很多教师开始奋力追赶课程进度,由此又不能完全保证教学质量。这是一个悖论,想要彻底根除这一悖论,就只能够从教师的教学模式入手,让教师改变传统的教学模式,对自己的教育方法进行改革。对于传统教学模式来说,教师必备的东西只有教案,但对苦学了十年的学生来说,早已经见惯了这些陈旧的教学,对教案和粉笔难免产生厌恶情结,他们更向往黑板外的网络世界。在这种情况下,教师如果仍坚持使用传统教学方式,最终得到的就只能是学生英语水平低下的结果。

（三）教学理念陈旧

我国的教育模式在几十年的沉淀下已经形成了很严重的执念，似乎大部分的教育都只是为了应付考试。在大学，也将不挂科列为了学生的基本准则。试问，在应试教育背景下，让学生学习英语这门需要有创新和口头交流的学科真的能达到要求吗？显然是不行的。因此学校和教师必须进行教学理念的重塑，将根本目的修改为让学生可以将英语变成自己的独立技能而非应付考试的手段，要让学生大学毕业后在工作上面仍可以使用英语与客户谈判或是日常交流。很明显，为了应对考试而学的英语注定只是死板的书本内容，完全达不到日常交流的水准。

二、学生学习中存在的问题

（一）过于重视英语四、六级考试

因为教学理念的陈旧，教师仍以完成考试为目标进行英语教学，这样的学习难以让学生对英语产生根本的兴趣。对英语知识的教授也被条条框框所制约着，教学内容始终围绕着四、六级考试开展，在学生毕业参加工作后，始终不能摆脱四六级考试带来的框架束缚。

在这样的制约下，教师在进行知识传播的时候往往只是自己的独角戏，整个课堂只有教师这一个主角，学生成为捡拾知识的旁观者。在阶段性的教学结束后，教师往往会给学生布置作业，而这些作业可能是英语习题，也可能是背诵单词和英语文章之类的。很难有学生会想到去找一个会英语的人面对面地进行交流，只能自己一人进行英语实战。这就导致很多的大学生在英语学习上什么都懂但是无法交流，也就是所谓的"哑巴英语"。

学生在大学中为自己通过了英语四、六级考试而喜悦，或是因为没有通过而垂头丧气。他们完全忘记了学习英语是为了在社会竞争中可以有自己的独特之处，忘了学习英语应当是可以进行日常交流的。对英语掌握的程度完全只为了应付考试，根本达不到用人单位的日常交流要求,这就是传统教育模式下我国大学英语教学的根本误区。以四、六级为核心的教学方式完全无法满足社会对大学生英语能力的要求,导致很多在大学英语考试中成绩优异的应试生到了社会上却完全不敢和别人提起自己会英语这件事。

（二）学生成绩参差不齐,教师难以进行补差补缺

在大学课堂上,学或不学完全取决于学生的自觉性。但有些学生在高中时期的英语基础就非常薄弱,本想着到了大学可以通过自己的努力将差的地方补回来,但在面对一节课六七十人的情况下,难以向教师提出问题,这也就导致学生的不足很难被全面地纠正。对于教师来说,一节课六七十人,就意味着无法回答所有同学的疑问,在教学上显得力不从心,这就导致很多学生在大学英语课堂上对英语失去了兴趣,自己成绩变差的同时心情也变得烦躁,对英语的学习欲望就更低了。

在英语课堂上,本身最重要的交流就已经被淹没了,英语基础薄弱的学生连提问的机会都很少,那么对他们来说英语四、六级就成了难以逾越的鸿沟。在这种情况下,一大批学生对英语失去兴趣。

第二节　创新教学理念,体现以学生为主体

由于深受我国传统教学模式的影响,人们一直认为教师应当是课堂教学的中心,教师也形成了根深蒂固的传统教学理念。然而,"以教师为中心"的教学方式更多关注知识点和教师的"教",学生的个体需求难以得到重视。

不同于其他学科,大学英语教学不仅强调让学生掌握语言知识,更强调学生要具备一定的交际能力和跨文化交流能力。大学英语教师应及时转变理念,转换师生在课堂上的角色。然而,在大学英语课堂中,教师仍未对"以学生为中心"的教育理念形成全面深刻的认识。因此,本节分析了"以学生为中心"教学理念的思想渊源、理论发展及框架结构,以期对教师转变教学理念提供一定的参考。

一、"以学生为中心"教育理念的提出与发展

20世纪初,受人本主义思想的影响,美国教育学家杜威提出"儿童中心理论",他指出要以培养学生的兴趣为主,让儿童在兴趣的驱使下,与教师的指导进行有机结合,对知识进行自主构建。 随着信息技术的发展,学者们意识到,教育不应该仅仅关注儿童,而应扩展到更广泛的学生。1969年,卡尔·罗杰斯提出了"以学生为中心"的教育理念[1],他指出,教育应该培养可以适应变化并且知道应该如何学习的人。[2]学生是学习的主体,教师教学的一切活动都应该围绕着学生进行,教师在这一过程中充当的是情境的创设者、技能的指导者、教学中的互动者。他倡导营造人道性、支持性、建设性的课堂气氛,良好的师生关系和课堂气氛比任何方法和技术都重要。判断课堂是否以学生为中心,就要看在决策时是否主要考虑学生的学习过程,是否把学生的需求放在第一位。

这一理念引起了美国高校的一系列变化,1998年联合国教科文组织召开了"教育新领域"研讨会,这一会议明确了教育理念的转变方向,即从"以教师为中心"向"以学生为中心"转变。会议还指出大学教育必须重视"以学生为中心"的新理念,培养的人才要适应社会的变化和发展。随着教育教学改革的进一步深入,"以学生为中心"的教育理念开始渐渐地被教育工作者接受,并在实践中探索出了具体的教学方法。在英语教学中,我国这一教育理念的研究始于20世纪90年代,赵堪培认为,在英语口语教学中"以教师为中心"的教学模式不利于培养学生发挥口语交际能力和跨文化交际能力,这种教学模式会限制学生发挥主观能动性。他主张教师应切实转变教学观念,形成"以学生为中心"的教师信念。[3]田昕指出,教育应转变以"教"为中心的教育观念,对大学生的培养应"以学生为中心"。刘献君认为,要摒弃"课堂、教师、教材"这三个"老中心",把"学生、学习、学习过程"作为课堂的"新中心",着力于学生的需求和发展。[4]大学英语教育不仅要传授语言基础知识,也

---

① 方展画.罗杰斯:"以学生为中心"教学理论述评[M].北京:教育科学出版社,1990.
② 刘萍.对罗杰斯"以学生为中心"教学思想的再思考[J].江苏教育学院学报(社会科学版),2003(03):23—25.
③ 赵堪培.以学生为中心提高口语教学质量[J].西安外国语学院学报,2000(02):81—83.
④ 刘献君.论"以学生为中心"[J].高等教育研究,2012,22(08):1—6.

要提升学生综合素质,让学生了解世界文化,具备跨文化交际的能力。夏纪梅指出,大学英语教学不仅仅要关注"教书",也要关注"育人"。学者们对"以学生为中心"的教育理念都给予了充分肯定。

美国西拉姆学院于 2017 年提出了"新文科"这一概念,强调打破专业壁垒,进行跨学科学习,对文科专业进行重组。2018 年,我国的新文科建设蓬勃发展,"互联网+"教育确实成为教育改革的新风向。具有创新能力的跨界复合型人才是当今社会最需要的人才,而"以学生为中心"的教育理念与新文科建设的需求十分契合,因此大学英语教育也必须加快转向"以学生为中心"的新理念。

二、"以学生为中心"教育理念的框架结构

"以学生为中心"的教育理念已经具备一定的框架结构,其系统具有开放性和发展性,这一教育理念主要强调以下两个要素。

(一)倡导学生积极参与,激发学习自主性

依据建构主义的观点,学生必须真正参与课堂,才能构建起一个"以学生为中心"的英语课堂,促进真正的学习。这一理念鼓励学生在"做"中学,通过"做"积极参与到课堂中,"做"也包括与他人的积极互动。同时也鼓励学生在课堂内外独立学习,独立制定学习策略。学生的积极参与增加了课堂的互动性与课堂参与感,学生能从教师之外的其他学生身上学到知识,从而意识到学习是自己的事,激发学习自主性。此外,教师并不是与课堂无关,教师应组织课堂,引导学生思考,以小组讨论、情境模拟、案例分析、角色扮演、探究性学习等丰富的课堂组织形式,积极引导学生自己搜集材料、挖掘学习内容,在课堂互动中发现问题、解决问题。

(二)满足学生需求,符合社会发展

学习的最终目的是要满足学生的个性化需求,包括情感需求和社会需求。学生学习的内容不再完完全全由教师决定,而是取决于学生的需求。因此,在某种程度上,学习是由学生自己决定的。教师要聆听学生

的意见,了解学生对教与学的需求,帮助学生制订合理的学习计划,激发学生的学习潜能和积极性,同时学习的内容也应与社会对人才的需求对接。"以学生为中心"的课堂不是机械单调的,而是要建立一个多元立体的课堂,满足不同学生多层次的学习需求。过去的大学英语教学过多地拘泥于课本和形式,导致很多学生虽然可以在考试中取得好成绩,但是在实际应用中却不敢张口说英语。大学英语的学习更应该将学生的个体需求与社会需求相对接,让学生将学到的知识应用于日常生活中。

第三节　开展分层教学,重视个体的差异性

近年来,各高校的发展规模不断扩大,招生人数逐年增加,基于生源质量来源的多样性和参差性,大学英语教学改革迫在眉睫。下面从大学英语学科建设入手,具体分析大学英语分层教学的内涵和特点、英语学科分层教学的可行性、分层教学实践。

一、大学英语分层教学的内涵与特点

"分层教学"是指,在学生知识基础、智力因素和非智力因素存在明显差异的情况下,教师有针对性地实施教学,从而达到不同层次教学目标的一种教学方法。大学英语分层教学具有如下几个特点。

（一）差异性

不同学生本身就存在明显差异,教师需要重视学生的这些差异性,从不同学生的特点出发展开教学,要尽可能使不同学生的潜力发挥出来。也就是说,在分层教学中,教师需要对学生的差异有清楚的认识,尤其是对这些差异进行解决。具体来说,高校英语分层教学中的差异主要包含如下几点:

第一,教学对象的差异。如前所述,学生来自不同的地区,他们的英

语基础必然存在差异,因此教学中需要重视这些差异,重视每一位学生的最近发展区。

第二,教师教学风格的差异。教师自身的教育背景、生活经历不同,导致不同的教师形成了不同的教学风格。

第三,师生之间的人格平等。师生在人格上的平等是学生发展独立人格的前提和基础,是教师教学的必要前提。同时,师生之间的人格平等还体现在对学生个体差异的尊重上,这样能够促进每一位学生个性的发展。

(二)多样性

高校英语分层教学具有多样性,具体来说可以总结为如下两点:

第一,教与学的多样性。既然高校英语分层教学对学生的差异予以尊重,那么在教学中就不能仅仅参照某一模式,也不能仅仅使用一种评价手段,不能仅仅依据一种大纲,而应该从不同学生的需求出发以保证教学的多样性。

第二,英语技能的多样性。高校英语教学不仅要求学生掌握英语基础知识,还要求学生对基本技能的把握,努力培养学生的跨文化交际能力。需要指出的是,每一位学生在每一种能力的发展层面也是存在明显差异的。

(三)针对性

在高校英语分层教学中,教师需要考虑学生的个性需求,对他们展开个性化的帮助与指导。这体现出高校英语教学是符合学生个性需求的,也能够使学生某一部分的特长发挥出来,从而提高整体教学质量。具体而言,高校英语教师需要经常调查了解学生的个性需求,在教学中发挥出教学智慧,从而对学生展开针对性教学。所谓针对性,具体包含如下几点:

第一,高校英语分层教学的针对性主要受教育对象的差异影响。学生的智力水平、基础水平等存在差异,高校英语分层教学的针对性就需要考虑学生的这些差异,让教学真正地深入学生的内心。

第二,高校英语分层教学的针对性是对"一刀切"教学模式的否定。

教师需要从学生的个性、能力等出发,对教学内容、方法等进行选择,对教学活动与学生进行细致的分类。

第三,高校英语分层教学的针对性要求教师考虑学生的不同学习风格展开教学。学生的情感、生理等因素会对学生的学习风格产生影响。学生的学习风格不同,主要体现在对信息的采集与加工上。教师需要根据学生不同的风格,对教学方案进行针对性制定,引导学生从自己的特长出发选择适合自己的学习方式,对自己的学习缺陷进行弥补。

第四,高校英语分层教学的针对性并不是传统上的因材施教这么简单。因材施教的理念主要是面向个体学生,高校英语分层教学针对的是全体学生,要对全体学生的差异予以关注,考虑全体学生不同的需求。

（四）交际性

语言是人类交往的工具和手段,且最根本的性质就是交际性。语言离不开文化,文化也在语言中有明显的体现。语言与文化密不可分,因此,在高校英语教学中需要融入文化知识,即不仅仅教授语言知识、语言技能,还需要将文化内容融入其中,这样才能帮助学生运用语言进行跨文化交际。教师需要考虑对学生文化素养的培养,从而传输世界文化知识。文化知识与适应能力是交际的关键,从本质而言,语言交往能力是深层次地获取文化知识的前提。高校英语分层教学的交际性主要表现在以下四个方面。

一是高校英语课堂教学让大学生掌握大量的英语文化知识,从而实现高校英语的交际功能。

二是英文资料的阅读实现高校英语的跨文化的交际功能。

三是面对面的对话交流实现了高校英语的交际功能。

四是在坚守中国文化的基础上,向外推广中国文化,从而实现高校英语的交际功能。

二、大学英语分层教学的可行性

（一）分层教学理论指导大学英语学科分层建设

近年来，分层教学在高校教育界备受关注，国家关于英语课程及英语课程建设出台了一系列政策性文件，这些文件进一步明确了大学英语学科的地位，即高校英语课程是高校教育课程体系的有机组成部分，是学生必修或者限定选修的公共基础课程。它兼具工具性、人文性，同时以普通高级中学的英语课程为基础，与本科教育阶段的英语课程相衔接，培养学生学习应用英语的能力，为大学生的继续学习和终身发展奠定良好的英语基础。

大学英语教学必须面对生源的复杂性、多样性和层次性的客观实际，以及与传统英语教学二者之间出现的系列矛盾与问题，并予以有效解决，促使大学英语课程教学进一步满足不同学生群体的英语学习需求，从而有效提升高校人才培养质量。

（二）教学硬件设施保障是对大学英语分层建设的有力支持

这就需要高校为英语课程教学配备必需的设备资源，创设英语课程教学环境，为大学英语教师开展教育教学活动、丰富教师教学手段和方法提供设施场地保障。另外，大学英语分层建设需要充足的配套经费和建设时间，更加需要合理配置建设团队成员，相关工作才能持续开展和有效推进。

三、大学英语分层建设的具体实践

（一）坚定学科定位和发展方向，有序推进分层建设

坚持以大学英语新课标作为指导学科分层建设之根本，在推进学科分层建设的过程中，始终体现"因材施教，多层共育"的特色。例如，教师可以提前根据学生的入学英语成绩，在一定程度上了解他们的学习能

力水平,以"基础层英语教学班"(B层)和"提高层英语教学班"(A层)的形式分班,各层依据不同评价考核指标采用不同难度的英语教材,由相关教师施教授课,达到各层相应教学目标。

其中,基础层英语教学班由大多数英语知识基础差的学生组成,可采用英语教学与研究出版社《新视野大学英语》思政版系列教材或上海英语教育出版社《全新版大学英语》系列教材作为教学资源,由专门教师负责教学授课,目标为端正学习态度,运用英语进行基础交流,使得绝大部分学生能达到大学非英语专业本科生的基本要求;提高层英语教学班由部分学习态度端正,英语学习应用能力较强的学生组成,可采用英语教学与研究出版社《理解当代中国》系列教材作为教学内容,由专门教师负责授课,学生培养方向分为两类:

一是运用英语进行有效沟通并妥善处理事务,同时具备运用英语有效学习国外专业相关知识经验和先进理念的能力,从而助力自身专业提升,为日后顺利进入职场做准备。

二是学业提升英语,即教师在英语教学过程中培养有相关意向的学生逐渐具备在英语知识学习应用中的思辨能力和深入探索的能力,为他们日后升学做准备。同时让学生理解当代中国,推动中国更好地走向世界,也让世界更好地了解中国。

(二)加强师资队伍建设

注重强化教师教学科研能力和学历提升,促进大学英语分层教学育人质量再上新台阶,这主要包括以下三个方面:

1. 强化教师教学、科研以及竞赛能力,促进大学英语分层教学育人质量的提升

在实施分层教学的过程中,教师应通过阶段性教学总结反思,积累实践经验和改进措施,持续提升课堂教学质量;同时还应注重培养,常态化鼓励、组织教师积极参加各级别的教学能力比赛,并收获经验,融入教学。同时大学英语教师更应注重自身科研能力的提升,即通过论文撰写、课题申报等,有效形成学科分层教学理论成果。一方面,分层理论成果可以科学指导教师有效开展学科分层教学;另一方面,积累的教学经验又可以进一步丰富分层理论成果,使其更加成熟,促进英语学科分

层教学育人质量的提升。

2. 优化师资队伍结构,提升部分教师学历水平

在教师教学年龄、学历水平提升以及教师职称提升方面进行优化调整,促进教师队伍发展,为英语学科分层建设提供大量理论成果和实践成果支撑,从而有力推进学科分层建设。具体来说,首先,加强对高学历青年教师的培养指导,帮助他们尽快成为教学骨干。其次,对于教龄较长,且学历偏低的教师来说,要加强对他们在个人学历、教学科研方面提升的支持和督促,鼓励他们在英语分层建设工作中与时俱进,团结奋进,形成合力。最后,是教师职称提升方面,应当进一步鼓励促进高学历青年教师做好英语分层建设工作中相关教学科研工作,努力提升职称,同时也要注重发挥高职称教师勇于担当、率先垂范的作用,鼓励高职称教师积极承担在英语学科分层建设工作中相关重点工作,辅助英语分层建设工作有效推进实施。

3. 积极促进英语学科分层建设相关理论成果转化,助力地方产业经济发展

大学英语分层建设的目的是促进学生学科核心素养的发展,为国家培养高素质技术技能人才。所以,英语分层建设工作相关的教学科研理论研究成果也应体现外延性、辐射性特点。教师通过灵活运用学科优势和分层建设相关理论实践成果,以对社会人员进行英语培训服务,对地区相关单位提供翻译与交流服务等方式,实现英语分层建设理论成果转化,有效助力地方产业经济发展。

第四节 优化教学资源,实施自主学习与体验式学习

一、大学英语教学资源的优化

大学英语课程资源包含大学英语教材和其他能够提高学生综合语言运用技能的学习材料和教学设施。尽管英语教材是英语教学资源的主要部分和英语教学的主要依据,其内容却有限且基本不变,与时代接

轨不足。所以,大学英语教学在合理利用课本教材之外,还要充分开发新的多元化教学资源,以促进学生英语素养的提升。

（一）大学英语数字化课程资源建设

随着大学英语新课程标准的提出,大学英语教师应该充分发挥现代科技作用,开发多种教学资源,拓展学生学习途径,优化英语教学方式,促进学生英语能力的提升。大学英语数字化课程资源具有信息量大、知识更新快、易于交流沟通、不受时空限制、展示形式丰富多彩等优势,有利于为英语教学提供良好的支撑,因此大学英语教学中数字化课程资源开发具有必要性。

1. 严格遵守数字化教学资源的建设标准

众所周知,数字化教学资源的建设有利于增强数字教材的作用,促进数字化教学,并促使英语资源得到更好的共享与交流,且在各个平台间得到科学合理的利用。[①] 同时,由于数字化教学资源的建设标准有利于推动数字化教学资源的合理配置,并有效推动数字课程在学生间实现共享和跨平台运用,进而拓宽其应用范围,提升数字教学资源的竞争力,因此大学英语教师要主动参加国家相关部门或社会组织开展的各项活动,深入探索数字化教学资源的建设标准,仔细研究英语教学资源的开发状况,并严格遵守相关资源建设标准,进而有效推动英语数字化教学资源的建设。

2. 院校合作提升数字化教学资源的质量

当前我国大学英语数字化教学资源的建设质量偏低,各高校要积极展开合作,着力提升英语数字化课程资源的建设质量。对于当前我国高校数字化英语教育资源建设不足的现象,各高校要积极交流沟通,在一定程度上将教学资源合理地应用到英语课程中并进行专门开发,提升英语数字化教学在高校的合理性和交流性,并提升英语教育资源的科学性,从而提升高校英语数字化教学资源质量,减少资源的更新换代成

① 兰梅,彭莉娟.大数据技术背景下数字化商务英语教学模式探讨——评《"互联网+"时代商务英语教学模式研究》[J].教育发展研究,2022,42（18）:85.

本,促进英语资源在高校间的共享,为大学英语教育的改善提供良好的基础,提升高校数字教育教学效率。

3.校企合作保障数字化教学资源建设

积极推进校企合作,为数字化教学资源的建设提供保障。由于受到地域影响和经济水平制约,一些高校的英语数字化教学资源建设不足,难以为部分珍贵教学资料提供坚实的数字化技术保障,对此要以主管部门为核心,促进院校与企业的合作。并且,高校有较好的教育资源,所以高校要在构建自己的教育资源建设标准的基础上,对教材不断进行完善,为高校英语数字化教学资源建设提供多样化服务,提升数字化教学效率,进而保证英语教师能够及时了解国内外网络中不同方面的新型研究成果,并以此为基础向学生有序地讲授相关知识。

4.教学资源内容注重实用性和趣味性

大学英语教师在开展英语教学工作中,应该充分考虑课程内容的有效性和实用性,提升学生的课堂参与度,激发学生的学习兴趣。英语教师要深入研读大学英语的教学目标和课程内容,并认真分析学生的具体学习情况和英语学习的兴趣特点,选取适合学生的英语课程网络资源,并对其进行科学整合,通过高效的教学让学生深入学习英语文化知识,并深层次地感受英语语言和英语文化的魅力,更加充分地体现英语数字化课程资源在英语实际教学过程中的价值,进而让学生对英语有更高的重视。在具体教学过程中,教师要充分结合当前高校中现有的网络教学平台,对教学内容和学生的学习情况进行分析,建立更加完善的数字化课程资源,并针对不同专业进行具体处理,让学生在英语学习中体会到趣味性。

(二)以职业需求为导向开展大学英语教学资源建设

移动网络技术与大学英语教学的高效融合是推动教学改革、提升教学质量、满足学生多元化和个性化学习需求的重要助力。围绕"英语+"教学理念,立足于服务学生专业发展需要,从目标、内容、应用出发,探索英语教学资源建设的思路和方法,关注教材、视频等资源建设,培养学生良好的语言素养和专业能力,更契合复合型技术技能人才培养目标的要求。

"英语+"理念为英语教学资源建设提供了更多的选择,拓宽了建设的范围。以英语学习必备的知识技能传授为重点,融合专业知识、职业情境和文化素养内容,既丰富资源选材,又对接职场工作用语需要,体现了"语言+技能+素养"的资源设计特色,为培养复合型人才服务。

1. 教材建设

教材是指导课程实施、教学过程设计、教学内容选取及考核评价的最直接资源材料,教材的内容和表现形式对教学实践及学生自主学习有着极其重要的影响。传统教材重设计轻实施、重模仿轻创新、重形式轻架构等弊端弱化了教材的知识建构功能,虽然在认知层面上实现了知识和技能的呈现和传授,但忽略了对学生学会学习的指导,减弱了教材的功能性。随着信息技术手段的不断发展,新形态教材建设受到广泛重视,教材的内在结构和载体融入现代信息技术,并在内容和形式上有了一定程度的创新,通过在纸质教材中融入数字化资源,使教材兼具生活化、情境化、动态化等特点,大大增强了教材的立体性。

(1)教材内容的设计。基于职业需求的新形态英语教材建设也应考虑教材在专业新知识、新技术、新规范等方面的渗透,以满足职业用语的需要。针对专业英语课程,教材的顶层设计应聚焦职场实践,可以由企业和学校双主体合作完成,针对工作领域用语需要构建学习情境,结合工作任务设计语言学习活动,注重语言的输入与输出训练、职业知识传授、职业道德培养和职业技能提升。

(2)教材环节的设计。与教学环节设计类似,教材对知识的呈现方式也需要遵循一定的环节顺序,以引导学生适应和掌握学习的方法。对于以学习情境为参照设计的英语教材来说,通过模拟真实的工作情境,让学生亲身参与和体验工作过程,学习和掌握与工作过程相关的语言知识和实践技能,能更好地帮助学生学会从工作过程的全局出发分析、解决问题,从而获得良好的工作能力。这种学习情境的设计源于德国的"六步一体化"教学模式,包括信息、计划、决策、实施、控制、评价等六个工作步骤,注重工作过程的完整性。以空乘专业英语听说训练教材编写为例,英语教材编写在体现完整工作过程时,也可以参考上述工作步骤设计教材环节,以完整呈现工作中的语言应用过程:收集和展示学习或工作所需要的知识(信息);介绍岗位工作流程,对于即将开展的工作任务进行准备(计划);针对具体服务工作进行处理方法准备,列出相应的解决方案(决策);按照要求或岗位任务实施具体工作(实施);对工作过程进行总结(控制)和考核(自我评价)。教材在呈现上述工作过程时,可以采用知识介绍、问题思考、学习活动设计等多种形式,将语言学习、专业知识积累、岗位职责介绍、工作实操等串联起来,并通过评价设计,增加教材本身与学生的互动性,学生通过自评了解自己对知识的掌握程度,进而有针对性地进行知识补足。

英语教材设计在提高可读性和趣味性的同时,基于"学习中心、学用一体、文化交流和关键能力"的教学理念,应重在搭建学生认知职业、学会工作、拓展技能的平台,更好地对接学生职业发展和岗位需求,实现"语言 + 技能 + 素养"的人才培养目标。

2. 视频资源建设

视频作为承载知识的直观介质在信息化教学中有着重要的作用,在新形态教材建设、在线课程建设中都需要对视频资源进行精加工,以活泼、生动、有感染力的特性吸引学生的学习兴趣,促进对知识的理解和记忆。

目前,英语课程的视频资源丰富,信息量大,有较多的网络学习平台供学生在线观看视频资源并参与学习。这些视频资源多以微课为主,是教师对某一知识点的讲解,或是对某一工作内容或过程的现场演示。微课视频资源的建设,尤其是针对某一门课程或对工作过程有针对性需求的教学内容,应形成有效的体系,以提高微课资源的使用率、可持续发展及推广性。在制作之初建立知识的图谱框架,并回归学生本位,思考资源使用者对知识的认知程度和学习需求,结合具体教学知识点,通过情境录制等方法(讲授、实操、情境模拟等)制作形式多样的微课。特别是基于职业需求的英语教学资源,要精选知识点,以点带面构建工作过程的关键知识和技能点,在对语言知识进行设计的同时,也要将知识学习情境化,创设工作实践场景,通过问题情境引发学生对工作过程中真实问题的思考,通过案例情境促进学生对关键知识和技能的掌握,使学生在获取知识和专业技能的同时,提高发现问题、思考问题和解决问题的能力。

在教学实践中,工作实践或案例情境类微课更受学生青睐,微课的呈现方式可以真人出镜演绎工作中语言应用的过程,也可以结合动画制作或引入访谈活动,增加学习过程的"新鲜感",避免形式上的千篇一律。以空乘专业的英语课程视频资源(微课)设计为例,在顶层设计上预先思考岗位工作中学生所需的知识、技能和职业素养有哪些,根据工作步骤、职场认知规律、语言学习难易度划分视频(微课)知识模块,针对服务交流、表达仪态、事件处理等内容设计视频脚本,将工作中应知应会的必备词语、表达、工作流程、注意事项、职业标准等相关内容融入微课制作中,同时结合工作场景案例,在英语应用能力培养的环节设计中,引导学生了解和提升从事相关岗位工作所应具有的基本品质(如爱岗敬业、礼貌待人、诚信友爱等),借助情境模拟、案例分析、问答思考、方案设计等教学环节或学习任务在视频资源中直观、立体地呈现工作过程,培养学生语言表达能力、职场应变能力和服务意识,提升专业素养。视频(微课)资源的制作要构建开放、灵活、多样化的环节步骤,如以工作交流或服务中遇到的难题、困惑作为新知的导入,在认知启发中呈现新知,使学生建立知识框架;在进行专业语句表达、对话交流、工作要求等相关内容的介绍后,设计问题,请学生回顾所学知识、思考解决方法;进行知识整合,设计案例分析、情境模拟等环节对语言应用、工作流程、问题处理等工作能力进行展示、演练与巩固,并结合视频教学的重点增加测试题,帮助学生自主考查学习效果。

教师在资源建设中需要不断提高教学设计能力和信息化素养,组建和打造资源开发团队,丰富资源形式,拓展资源层次,提高资源建设质量,并依托教学活动搭建资源应用的平台,实现优质资源的开放共享,更好地为"英语+"课程教学服务。

二、实施自主学习

(一)自主学习的定义

当前,自主学习不再仅仅作为一种学习方式在学习领域存在,而是被视作一种课程论领域的课程目标,也作为一种教学论领域的教学方法。因此,有必要对自主学习进行界定。在这里,自主学习主要被视为一种学习方式,而学习方式对于学生而言是比较偏爱的东西,是学生在学习中表现出来的东西,是个人特色与学习倾向、学习策略的综合。

简单来说,自主学习主要是基于教师的指导,运用元认知策略、动机策略与行为策略三大策略进行主动学习的一种手段。一般来说,对这一定义的理解包含如下几个层面:

(1)首先需要界定这三种策略。所谓元认知策略,即在获取知识的过程中,自主学生在学习中制订的学习计划、确定的学习目标、组织自身的学习、对自己的学习进行监控与评价。这些程序使得他们的学习更具有自我意识性与见识性。所谓动机策略,即学生展现的自我抱负与自我效能,以及对自己的学习是否感兴趣。在他人看来,这些学生也是激发自己能力的人,他们越是努力,越是持之以恒,越能够坚持下去,越能够取得好的学习效果。所谓行为策略,即学生对学习环境进行选择、组织与创造,他们向他人进行咨询,并寻找适合自己的信息,为自己创造合适的学习环境。他们往往通过自我指导来进行学习,通过强化自己,对自己的计划进行执行。

(2)对于以上三种学习策略,学生往往是自觉运用的,即他们在学习中都往往是有意识地对这三种策略加以运用,这就是虽然很多学生的学习已经涉及了自主学习的成分,但是还需要不断提及的原因。但是,很多学生的自主学习并不是有意识的,他们往往是无意识的。

(3)学生的自主学习往往需要主动,并且通过主动的学习来达到一定的成效。关于主动,首先表现在学生学习动机的激发;其次表现在学生对各种学习策略的运用。而达到一定的成效即有效性,这主要表现在学生通过自主学习来不断提升自身的能力,他们能够随时判断学习任务的难易程度,对学习方法进行调整。

(二)当前教育形势对大学生自主学习能力培养的要求

1. 教育体制改革深化的需求

伴随着素质教育改革的不断深入,《大学英语教学指南》提出,教师应转变教学思想,重视学生在课堂中的主体地位,并借助有效的教学方法来实现学生个性化学习,提升学生的自主学习能力①。基于此,越来越多的高校开始重视英语课程的革新,并积极探索更为有效的教学模式,从而提升学生的英语语言应用能力。当前的大学英语教学中存在一定的短板,如思辨素养落实不彻底、学生创新思维较弱等。而新的教学模式充分体现学生的主体性,结合学生的能力发展需求,让其自主分析问题并解决,从而培养学生的探究能力以及终身学习意识。也正因如此,在大学阶段对学生进行自主学习能力培育,可以为其未来发展提供充分保障。

2. 社会需求的变化

在当前社会不断发展的背景下,社会对人才的综合能力要求很高。其要求学生不仅要掌握扎实的理论知识,而且还要有一定的创新思维、思考能力。而高校对学生进行自主学习能力培养,恰好可以促进学生整体能力的发展,从而满足社会对人才的需求。

(三)基于建构主义理论的大学英语自主学习能力培养

1. 转变教学思想,重视学生主体地位

在建构主义思想的引导下,教师需要从实际出发,着重培养学生自主构建英语知识的能力,促进学生英语综合素养的发展。为实现这一教学目标,教师需要转变已有的教学概念,通过落实必要的措施来体现学生在课堂中的主体地位,使其主动加入整个英语学习过程。学生主体地位的体现以及自主加入学习,则意味着教师的角色从信息提供者转变为学生学习计划的管理者。这一内容与建构主义要求教师由知识传授者转变为学生自主构建学习框架的帮助者内涵一致。在建构主义下,学生转变为信息加工主体,成为知识体系框架的构建者。为此,教师需要转变教学思想,重视学生在课堂中的主体地位,通过有效引导来提升他们

---

① 冯丽娜.社会建构主义视角下的思辨英语教学研究 [J].湖北开放职业学院学报,2021,34(02):170—171+188.

的学习兴趣,使学生的自我输出成为教学的主要内容①。

例如,在大学英语阅读教学中,教师可以转变以往的教学思想,通过必要的引导,使学生掌握更多的知识与阅读技巧。传统的阅读教学的课堂主体是教师,在课堂中教师讲、学生听,这就导致学生的学习兴趣难以提升,教学效果得不到保障。结合这一现状,教师应在阅读教学中转变教学思想,关注学生的学习体验,凸显他们的主体地位。例如,在指导学生学习《Chinese architect wins major prize》一文时,通过教学流程的完善引导学生掌握必要的知识。课堂上,由《中国建筑史》一书导入,为此应首先在学习软件上布置课前学习任务,让学生自主查阅关于此书的资料,并分析其历史意义,其次,结合本章的阅读重点制作微课,其中包含本篇议论文的主体结构、大体思路、重点单词,通过引导的方式,让学生掌握更多的知识和阅读技巧。

2. 激发学生学习动机,提升其学习主动性

基于建构主义的大学英语教学需要教师激发学生的学习动机,以"趣"为抓手,通过教学内容的丰富来提升学生的学习主动性。在建构主义背景下,学生成为主动的构建者,需要在学习过程中不断探究、不断积累来构建知识的意义。与此同时,还要引导学生自主搜索、判断相关的信息资料,对接触到的问题提出假设,并通过分析加以验证,还要善于将前后知识相联系,并进行思考,这是激发学习动机的重点所在。简言之,学生的学习动机主要体现在以下几点:目标的确立、方案的制定与完善、资源的整合利用等。这些内容与建构主义理论内容大体相同。为实现这一目标,英语教师要引导学生加入整个学习过程,调动学生参与的主动性,提升其学习兴趣。

写作是英语学习中的重要内容,同时也是众多学生提高英语成绩"难以逾越的鸿沟"。特别是在大学时期,部分学生自主学习意识的下降导致英语写作学习的实效始终难以提升。为了改善这一现状,教师需要围绕建构主义,结合学生的能力发展需求以及教学现状,通过明确写作的主题、自主搜集资料、内容完善以及分享来完善写作教学流程,激发学生写作的主动性。例如,结合大学阶段的学习特点,明确"英语简历"

---

① 周圆.建构主义学习理论视阈下的大学英语写作翻转课堂模式研究——基于长春师范大学工程专业英语课程的实证研究[J].现代商贸工业,2021,42(04):132—133.

写作主题。首先,在写作教学开始前,整合教学资源,制作不同专业英语简历,挑选优秀的资源制作成微课,并让学生思考优秀简历所包括的主要内容。其次,学生整理出答案,确定优秀的简历内容包括兴趣、自身所获奖项、兼职或实习经历等。之后,为学生讲解写作中常用到的写作句式,引导学生分析英语简历的语法、句型,指导学生结合自身实际情况来进行写作,还要让学生明白怎样在一份简历中体现自身的价值。一份优秀的简历能够在面试人员脑海中留下深刻印象,提升自身的职场竞争力。最后,学生通过查阅资料,结合前后所学的知识进行写作,教师对他们进行适当鼓励,将优秀的简历上传到班级学习群或学习平台,从而强化学生的自信心,进一步推动建构主义下英语写作教学的发展。

3. 基于网络信息技术,革新教学形式

当前,教学模式的革新也是推动建构主义下大学英语教学革新发展的重要内容与方式。建构主义认为,通过革新教学形式而创设的学习情境可以实现学生的自主学习目标,促进学生英语综合素养的进一步发展。在网络信息技术环境下,学生可以在各类工具的帮助下来完成自己的学习目标,此种技术有利于学生的知识构建。很明显,网络可以为学生提供一个符合建构主义要求的学习环境。在此基础上,教师还可以进行相应的拓展,进一步创新教学模式,引导学生掌握更多的知识,实现学生英语整体能力的不断发展。例如,在写作教学中,教师可以通过网络信息技术满足学生自主学习能力发展的需求,进一步推动建构主义下大学英语教学的发展。

(1)构建线上线下混合教学体系

伴随着时代的发展,各类教学方式层出不穷,教师需要做的是从中合理选择,挑选可以满足学生自主学习能力发展需求的教学方法。基于网络信息技术的线上线下教学体系打破了传统教学方式的限制,学生可以在丰富的内容以及趣味形式的吸引下主动加入学习过程,实现其自身知识理论体系的构建,且自主学习意识与能力进一步提升。为构建有效的线上线下学习体系,在翻译教学开始前,教师需要整合教学资源,将学生的培养目标和翻译教学的要求作为依据,制作多元且丰富的PPT、视频,并将英美报刊、翻译技巧等内容上传到学习平台,使学生可以随时随地在移动设备上进行学习,遇到不懂的内容既可以重新播放,也可以在评论区留言,等待教师解答。结合本节课的教学重点以及学生在

线上学习中遇到的难点,教师则可以在课上进行针对性引导,使学生更好地突破知识壁垒,其自主学习能力也得以发展,翻译教学效果进一步提升。

（2）依托信息技术,渗透跨文化意识

具体而言,跨文化意识既是当前翻译教学中的重要内容,也是提升学生自主学习能力、培养其翻译技巧的必要手段。由于文化背景存在差异,大学生在翻译过程中存在的错误大多数是由于不当的措词造句所导致的。为了使学生掌握更多的国外文化背景知识,教师可以借助信息技术,进一步培养学生的翻译能力以及跨文化意识。第一,布置线上学习任务。教师通过班级微信群、线上学习平台等布置自主学习任务,要求学生自主了解并搜索有关中英文化之间差异的实例、具体表现等,并在课堂上进行分享,让学生说一说自己对翻译过程中文化因素影响的看法。第二,课前整合学习资源,并将这些内容直观化、具体化,引导学生掌握更多的中西文化差异,对学生的跨文化意识进行有效培养。

4. 强化学习策略培养,提升使用学习策略的意识

在建构主义下,学习不是学生被动地接受相关知识,而是结合自身的需求以及经验,对身外的信息进行自主选择、处理,将之构建为自身的理解。除此之外,学习过程并不只是单一的信息输入、存储以及输出,而是新知识和经验之间互动的过程。不同于以往教学模式硬性要求学生掌握必要的知识,建构主义下的学生自主学习更加尊重学生的主体性,重视学生的个性化发展,还比较关注学生学习策略运用能力的形成。

综上所述,将建构主义融入大学英语教学中的各个环节,可以实现学生自主学习能力的提升,并推动教学发展。基于此,教师要转变以往的教学思想,重视学生在课堂中的主体地位,通过教学模式的创新、教学体系的完善来满足学生自主学习能力发展的需求,进一步促进教学发展。

三、实施体验式学习

在移动网络背景下,体验式教学模式是以学生为主体实施的高效、创新教学方式。在大学英语教育教学过程中融入体验式教学模式,让学生通过亲身体验来获取教学知识,对大学英语教学发展起到了非常重要

的作用。体验式教学体现了创设意境、切身体验、实践操作等优势。教师结合体验式教学的优点，能培养学生自身的学习能力、思维能力、逻辑能力，让学生对大学英语教学产生浓厚的兴趣，有利于学生逐渐提高英语学习能力。

（一）体验学习的基本模型

1. 认知方法/学习方法模型

体验学习的有效性体现在其与人的认知、情感、身体有着密切的联系。并且，体验学习就发生于这三种认识方式的结合之中，如图 2-1 所示。

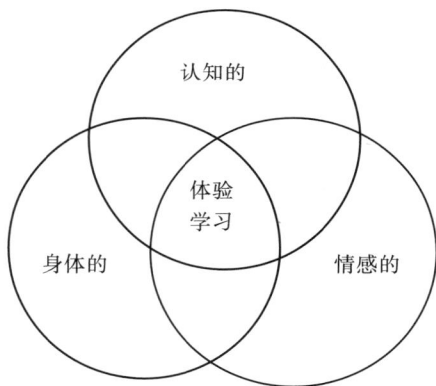

图 2-1 认知方法/学习方法模型

2. 赫伦模型

英国心理学家约翰·赫伦（John Heron）强调，体验学习中应该注重情感，并将情感纳入其范畴之中，如图 2-2 所示，这一模型建立在原始经验的基础上，第一步是情感。第二步是想象，即将来所发生的情况往往通过想象、直觉等体现出来。第三步是概念，是通过语言或者语言符号对所学的科目进行解释。第四步是行为，是通过具体的行为来进行学习的过程，要做到知识与行动的统一。也就是说，在赫伦看来，只有将情感利用起来，体验学习才能够发生。

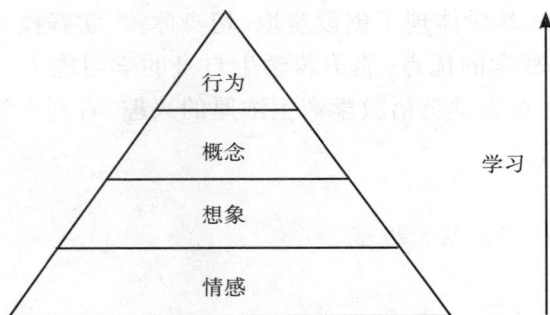

图 2-2　赫伦体验学习模型

3. 舒适区域模型

很多学者都提到了舒适区的概念,这一概念认为如果学生从舒适区域走出而进入学习区域之后,就往往产生了学习这一过程。学习区域中会涉及一些不熟悉的层面,这时候就会产生兴奋与刺激,从而不断增加学生的深度学习机会。当学生离开学习区域,进入恐慌区域的时候,这种学习过程往往会被削弱。不过不得不说,学生要想有效学习,必然需要走出舒适区域。图 2-3 是舒适区域、学习区域、恐慌区域的关系。

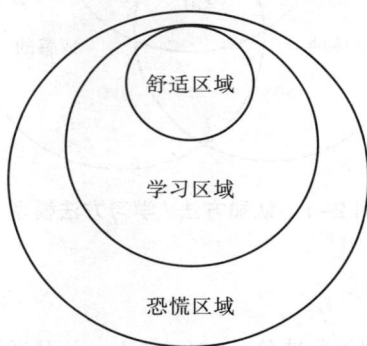

图 2-3　舒适区域模型

4. 刺激模型

学者耶基斯与多德森(Yerkes & Dodson)很多年前就对刺激理论进行了研究,这一理论如图 2-4 所示,强调行为与刺激之间的关系是二次项的关系,是一种线性关系,并且构成了一个倒立的 U 形结构。也就是说,如果对学生的刺激增加,那么他们的热情也会随之增加,直到某一最理想值出现。如果刺激继续增加,他们的学习热情就会逐渐减少。在使用这一模型的时候,很多学者往往将最理想值标记成"学习区域"。

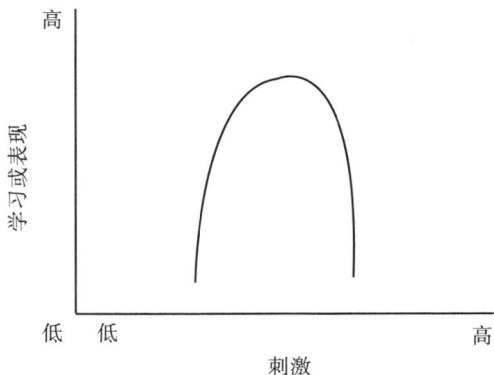

图 2-4　最理想刺激模型

5. 灾变理论模型

这一模型是在刺激理论的基础上产生的。灾变理论模型认为,如果学生受到过度的刺激之后,尤其是出现焦虑之后,他们的学习热情往往会减少,并且出现剧烈的下降,如图 2-5 所示。在舒适区域模型中,很多学者将其称为"恐慌区域",学生往往在恶劣的环境中感到恐慌,导致他们退缩甚至很可能放弃学习。

6. 自我效能模型

自我效能主要是一个关于主观判断的个体概念,这一概念主要包含图 2-6 的四个层面。按照学者班杜拉(Bandura)的观点,在这四个层面中,先前的体验是最强有力的层面,只有具有有益的先前体验,才能对后期的体验产生有利的影响。如果先前体验是消极的,不是有益的,那么他们后期的体验也是不利的体验。因此,要想确保体验的有益性,往往需要通过相同的体验来进行鼓励,给予反馈(即言辞劝说),并为人们提供令人激动的环境(即激励)。一般来说,前期的学习任务准备工作、之前的课堂作业、学生课外的学习经验、学生在课内的活动以及教师对学生课堂内的指导等,都能够在自我效能中发挥作用。

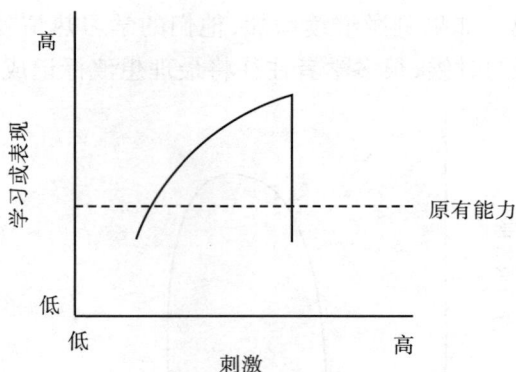

图 2-5　灾变理论模型

图 2-6　自我效能理论模型

（二）大学英语中落实体验式教学的积极作用

　　体验式教学就是一种以学生为主体,构建具有较强体验感的学习环境的模式。在体验式教学中,教师利用各种资源构建学习环境,利用合理的方法设计教学活动,引导学生积极参与到教学实践活动中,让学生通过最直观的体验获取知识与技能,通过直观的体验锻炼个人英语素养与能力,实现教学目标。体验式教学活动中,学生的自主学习是重点,学生通过自主学习突出学习主体地位,在实践中学习,经历"体验——认知——获取能力——能力提升"的过程[①]。
　　在大学英语教学中运用体验式教学,无论是对提升学生英语学习的主动性而言,还是对强化学生英语学习的合作能力而言,均具有重要作

① 　李皓婵.体验式教学在高职英语教学中的运用[J].陕西教育（高教）,2022（4）：86—87.

用。体验式教学有助于激发学生英语学习的积极性,大学生的英语学习基础较弱,大多数的学生没有掌握科学合理的学习方法,此时采用传统英语教学模式,反而会加剧学生的厌学心理。教师运用体验式教学法,能够让学生形成更加直观的英语体验,感受英语的学习乐趣,从而增强对英语的学习兴趣,提升学生英语学习的自信心,促使学生更加积极主动地学习英语。

（三）体验式教学模式在大学英语教学中应用存在的问题

1. 教师教学理念陈旧

在大学英语教学过程中,部分英语教师以传统的教学观念进行教学。部分教师认为大学英语不是很重要,只要按照课本的知识内容进行备课、课堂教学、课后练习即可,并没有特别关注大学英语在生活实践应用中的重要性。因此,在大学英语教学过程中,教师并没有太多创新的教学方式。因为部分教师本身的教育思想陈旧,所以他们在教学过程中并没有将体验式教学融入英语课堂,因而达不到良好的教学效果。

2. 教学目标不明确

在大学英语教学过程中,部分英语教师没有认识到大学英语的重要性。教师认为大学生毕业后将步入社会实践,只需要对其专业的技术知识进行教学,并没有真正意识到英语对其以后社会实践的重要性。因为教师教学的目标不够明确,所以大学英语一直处于传统的教学模式中,教师并没有将体验式教学与大学英语进行结合,导致英语教学的重点无法突出,无法达到体验式教学的目的,对英语教学质量有着一定的影响。

3. 大学生在体验式英语教学过程中参与不积极

在大学英语教学过程中,教师需将体验式教学融入英语课堂,如果教师本身对体验式教学没有进行良好的设计与规划,学生在教学过程中就更不会积极参与教学活动。体验式教学主要是以学生为主体,学生与教师共同创造体验教学环境,教师只有保证学生积极主动参与教学活动,才能很好地发挥体验式教学的作用。然而,目前大学生并没有重视体验式教学,在教师的教学过程中,学生还是习惯传统的教学模式:听教师按照固定教材进行讲解,然后将重点记在笔记中。在这种教学过程中,教师与学生几乎没有互动的机会,学生也很少积极参与教学活动,因此学生英语口语的训练根本达不到预期的效果。在长期的传统模式教学下,学生对体验式教学并没有过多的参与感。长此以往,学生对英语的学习兴趣逐渐减弱,甚至有的学生直接放弃了英语学科的学习,这不仅影响了学生的英语学习成绩,而且对学生在以后实践生活中应用英语有一定的阻碍。

4. 教师与学生之间沟通交流不活跃

部分教师将体验式教学融入大学英语教学课堂,鼓励大学生积极参与,因此大学生的英语学习有了明显的改善。但是部分学生与教师之间的沟通交流不频繁,学生在接受过体验式教学后,并没有就体验式教学的优势与教师进行分享和交流。在这种情况下,教师无法真正了解体验式教学有哪些优势或需要哪方面的改进,以及教学中又有哪些不足之处。由于缺少教师与学生之间的沟通,教师无法及时调整教学中的不足之处,也很难在下次的教学过程中引入新的教学方式。教师与学生之间缺乏沟通交流,可能直接导致教师与学生的关系逐渐疏离,教师与学生之间的关系愈发生分,学生就更不敢轻易表达自己的想法和意见,而教师也会因为没有收到学生的意见和反馈,从而无法理解学生在课堂上的学习困难,这非常不利于大学生英语学习能力的提高。

(四)体验式教学在大学英语教学中的优化运用思路

1. 循序渐进推进活动

英语具有交流性与应用性,需经过长时间的学习与积累才能形成英语交流能力与运用能力。因此,在大学英语教学中运用体验式教学法,需要遵循循序渐进的原则,根据班级学生的实际水平与能力,设计相应难度的体验式学习活动。之后,根据学生的学习效果,逐渐增加难度、拓展深度,引导学生逐渐适应这种学习节奏,在体验式学习活动中逐渐掌握更多的英语交流技巧,提升英语运用能力。

2. 小组合作完成体验

在体验式教学中,教师必须要为学生提供一个互动环境,才能够更有效地发展学生的口语表达、语言运用能力。因此,教师可以设计"小组合作"的方法,让学生以小组为单位参与到英语学习中,共同完成任务。在这一过程中,学生既可以与同组伙伴协同完成任务,共同探索英语知识;也可以互相交流,在组内交流的过程中进行大量的口语交际,提升学生的口语交际能力,丰富英语交流体验。

3. 多元评价强化效果

课程评价是大学课程教学的关键环节之一,作用是评价学生的学习成果与个人发展情况,为学生指明接下来的学习方向,提出可靠的学习建议。在英语教学中运用体验式教学,教师需要考虑体验式教学与原本教学模式的不同,适当调整课程评价,包括评价方向、评价频率、评价内容与指标。科学合理的课程评价可以进一步指明学生的优势与不足,为学生充分发挥自主能力、积极主动参与英语学习提供支持,进一步强化学生的学习成果。

第三章

基于移动网络的大学英语教学创新内容

　　信息技术快速发展，并日益深入社会生活的各个方面，在大学英语教学领域同样也不例外。大学英语词汇、语法知识教学与听、说、读、写、译基本技能教学是大学英语教学的重要组成部分，学生只有熟练掌握这些基本知识与技能，才能真正提高英语综合运用水平。通过信息技术展开英语教学，可以更好地提升大学英语各项知识与技能教学的效果。本章具体分析基于移动网络的大学英语教学内容的创新。

第一节　基于移动网络的大学英语词汇与语法教学

一、大学英语词汇教学的创新策略

（一）词汇知识

词汇是英语语言技能发展的基础。理查兹对词汇含义进行解释，他认为词汇是书写或话语表达过程中最小的语言单位。他总结了词汇教学包含的八方面内容。一是增加学生的词汇量；二是掌握词汇的搭配形式；三是掌握词汇的功能性以及根据情境使用合适的词汇；四是掌握词汇在语言结构中充当的成分；五是掌握词汇的多种形式，如在词根上加上前缀后缀组成新词汇、两个及三个单词构成的合成词、由一种词性转化为其他词性的词汇等派生形式；六是掌握词与词之间的语义网络知识；七是掌握词的语义特征；八是掌握词汇的多种词义。

胡春洞提出词汇教学等同于文化教学、沟通交流教学、学生思考教学、学习教学以及语言教学。词汇教学本质上就是第二语言英语教学。他提到词汇教学内容要全面展开，不能局限于讨论词汇本身，要超出词汇范畴，改变固化模式，将词汇教学与语言、文化相联系，注重词汇教学的广泛化、多元化。①

由此可见，英语词汇教学不仅是呈现词汇，让学生掌握词汇知识，还需要与语言相关的因素合作共同完成词汇教学。不同时期教育家们对词汇教学理论研究有着不同的观点，英语教师在教学活动中尝试对不同的词汇教学理论进行实践，促进了词汇教学理论的发展。

（二）词汇传统学习和移动学习的不同之处

随着网络和智能手机的普及，移动词汇学习被越来越多的师生接

---

① 胡春洞．英语教学法［M］．南宁：广西教育出版社，1990：85.

受,这个学习方法就如同文化大变革,完全颠覆了传统词汇学习的方式,学生可以使用移动设备随时随地学习和交流。移动学习与传统的学习相比,虽然有其不足,但在教学实践中,对学生记忆单词、练习听力以及口语等会有很大帮助。其对比传统词汇学习具有以下特点。

(1)移动学习可以根据个人记忆单词的进度自动将不熟悉的单词进行筛选,从而反复出现,达到记忆深刻的效果,这就相当于对症下药,帮助现在大部分学生解决记忆困难等一些大问题。对比传统词汇学习,大部分学生就能摆脱记忆单词永远停留在开头的烦恼。

(2)移动学习可以给同学们提供一些平台,与更多的学生进行交流,可以是国内学生,也可以是国外学生。我们可以通过移动词汇学习进行英语词汇的巩固与研究,从而更轻松地加强英语单词的记忆,从探讨研究中发现不足并及时地予以改正。对比传统词汇学习这种方法打破了学习的一些局限性。

(3)教师们可以通过移动学习平台开放更多的英语单词学习渠道。不仅如此,学生和教师可以在移动学习平台构建属于自己的班级并进行内部的英语单词研究讨论。对比传统的课堂讨论,移动平台的讨论很好地起到了强化记忆的作用。移动词汇学习平台既可以帮学生记忆单词;也可以作为一只无形的手,帮助教师更好地掌握班级学生单词记忆的进度。

(4)移动学习的资源更加丰富,在传统的学习中,绝大部分学生按照大纲要求的教材来学习,而教材即使更新也会有一定的滞后性。在移动词汇学习模式中,大学生除了学习教材的内容以外,还可以随时随地选择最新的内容来学习。充分发挥了移动学习实时性的特点,使大学生能够利用碎片化时间记忆英语单词。对比传统词汇学习,解决了课本、字典以及课外教材等资源单一的问题。

(5)在移动词汇学习中,相对于传统英语教学模式而言,不仅丰富了学习活动的内容,学生学习的方式也变得较为自由。对于学习内容与方式,学生可以自由安排。

(6)移动词汇学习可以随时随地获取大家学习中急需的词汇知识信息。目前为止,在大学校园中借助移动设备辅助英语学习已蔚然成风,学生可以利用移动学习快速获取自己想要的词汇意思及其用法等,对比传统词汇学习还要翻书问教师,就节省了大量的时间。

（三）移动学习的应用对英语词汇习得的优势

（1）在平时的学习生活里，很多学生会把英文单词转化成中文来进行记忆，当一个英文单词出现之后，人的脑海里就会出现这个单词的中文意思。但是，在英文里很多单词都具有不同的意思，因此，用中文记忆可能会出现中英文不匹配的问题。所以一些同学在记忆时会比较困难。而移动学习软件被用来进行词汇学习时，学生的词汇量会在零碎时间的学习中逐步增加，从而使学生能利用少部分时间增加英语的词汇量，进而对英语学习充满信心。比如，很多词汇学习软件都可以制订一个学习计划，把所有要学习的词汇平均分给每一天，这样可以达到每天都进行学习的效果。充分用好每一天的碎片时间快速进行单词记忆。利用单词软件学习词汇能让学生获得较高的成就感，使学生充满学习的信心和动力。

（2）移动学习是一种十分简便有效的学习方法，学生可以自己在任何地方进行无封闭式的学习，这是一种十分自由的学习方式。教师也可以随时上传文件到平台上，或者及时更新学习资源。由此得出，移动学习在很多方面也为其他学生提供了便利，使得英语学习不再局限于空间。

（3）移动学习的个性化设计可以让学生随时随地下载自己需要的学习资源，还能根据自己各方面需求来定制自己的学习方案。平台也会通过学生和教师的反馈来对教材和学习内容进行完善，为学生提供有效精致的学习内容。除此之外，移动学习的主体依旧是大学生，使用移动式学习是一种碎片式学习，大学生将自己所学到的碎片化知识进行整合，从而达到一种完善的学习效果。

（4）在移动学习的过程中，学生提出问题，再用自己所提出的问题对答案进行探究，就可以解决自己的一些困惑。这种带着问题的学习方法，不仅能节约大量的学习时间，而且提高了学习效率，最后达到让学生减负的目的。

（5）使用移动设备学习，会让学生有一种新鲜感。学生在利用设备学习时可以产生学习的兴趣和学习的欲望。

（四）基于移动网络的大学英语词汇教学创新的策略

1. 更新移动学习理念

当今世界,科学技术的发展为社会带来了巨大的改变。为了适应知识科技的发展速度,当代大学生必须与时俱进,形成一个创新的、适应快速发展的学习观。我们可以从移动学习在人们的生活中变得越来越普遍中得出一个结论,那就是非正式学习在社会发展的进程中会有着越来越重要的作用。移动学习将学生的时间极大程度地整合在一起,方便学生随时更新补充自己的知识。调查研究显示,大部分大学生面对使用移动学习来习得英语词汇这件事的态度是积极的,但是对于移动学习的学习理念,绝大部分学生还没有形成完整合理的认识。其中一部分学生对移动学习的功能及用途还没有正确的意识,他们利用移动学习纯粹是为了获取答案,如在英语课上使用一些 APP 完成教师布置的翻译任务、课下使用 APP 查阅单词以此来完成作业等。但上述这些学习方法是不科学的,随着时代的变化,大学生要及时更新自己的学习理念。只有在正确的理念指导下,才能在实践的过程中充分利用好移动学习软件习得大学英语词汇。

2. 应用移动记忆词汇特色系统,使单词记忆更加简单

传统的背单词的方法总是枯燥且乏味的,而也正是由于这个原因,许多大学生都不愿意记单词。现在,移动学习采用了几种特色的背诵单词的方法,可以提高大学生背诵单词的效率。

第一是情境结合记忆。在日常的生活中,许多学生在记单词的时候都喜欢把英语单词转换成自己的母语来记忆,而在大学英语的学习中,一个单词往往具有多个意思,因此需要将英语词汇放在特定的情境中去记忆。移动学习在我们学习英语词汇时就提供了这样一个契机,如在利用某些 APP 学习时,会给出一些例句便于大家背诵单词。所以我们在利用移动学习习得英语词汇时,要学会情境结合。

第二是利用移动学习坚持记忆词汇,在生活中我们通常需要一次性记许多的单词,但这些单词数量多且难记忆,这会打击同学们的自信心,自然也就坚持不下去了。这时候就能用移动学习来记忆,在一些 APP 中,大家可以设置自己一天所要记诵的数量,并找到适合自己的记

忆方法。此外我们一天只需要完成相关的内容即可。这样下去，既能坚持记忆，也能学到许多东西。

第三是移动学习应用记忆。学习的目的是更好地应用，学会正确应用英语词汇也能帮助大学生快速记忆单词。

目前为止，移动学习软件大多都会提供一些电影或动画片段让学生进行配音游戏，这样大学生可以通过电影配音学习到更多实用的和新的词汇，也能帮助我们更好地记忆单词。

综上所述，移动学习打破了时间、距离、地域上的限制，在英语词汇的学习上更加地灵活多变、自主便利。

网上的英语资源非常丰富，涉及各个方面，不同兴趣的同学可以各取所需，如经典的《英国卫报》（Guardian），《华盛顿邮报》（Washington Post），还有名人的广播演讲，最新的英剧美剧。这些能为词汇习得提供大量的真实语言材料和广阔的学习空间。大学生可以把移动端设备当作支持性的教育工具来使用，依据自身的学习特点制定不同的学习方法、学习策略，进行自主化、个性化学习，还可以和教师更加开放地交流，以便于教师及时调整和更新教学方法。我们相信，随着互联网的迅猛发展和移动端设备的广泛普及和应用，大学生通过移动学习掌握词汇的现象将越来越普遍。

二、大学英语语法教学的创新策略

（一）语法知识

语法在语言中具有举足轻重的作用。当谈及语法的定义，不同的学者有不同的界定。

英国著名应用语言学家 H.G. 威多森对语法的定义为，语法是一个规则系统，包括词汇变化规则和词汇造句规则。

美国路易斯安那州立大学的语言学教授尤尔（George Yule）认为，语法是一套结构体系，其分析框架包括意义、形式和用法三个方面，这三个方面是相互结合的，可以通过应用的上下文语境来解释不同的语法形式和语法意义。

朗曼在《应用语言学词典》中将语法定义为，语法是对语言单位（词汇、词组等）组成句子时所遵循的方式的一种描述,这种描述往往包括了语言句子在各个语言系统下的含义和功能。

胡壮麟认为,语法应该被看作一个理性的动态系统,而非任意规则的静态系统,这种定义更利于在语言教学中培养学生良好的语言应用能力。

（二）基于移动网络的大学英语语法教学创新的策略

1.利用翻转课堂,完善课前与课堂教学

翻转课堂是一种有效的教学模式,它的理念与英语语法教学相契合,而且能有效改善英语语法教学的现状,提高英语语法教学的效果。

具体而言,英语语法翻转课堂教学流程主要包含六个阶段:教师课前准备阶段、学生课前学习阶段、教师与学生课前互动阶段、学生课堂检测阶段、学生知识内化阶段和学生知识巩固阶段,如图3-1所示。教师可根据这一流程来开展语法知识教学。

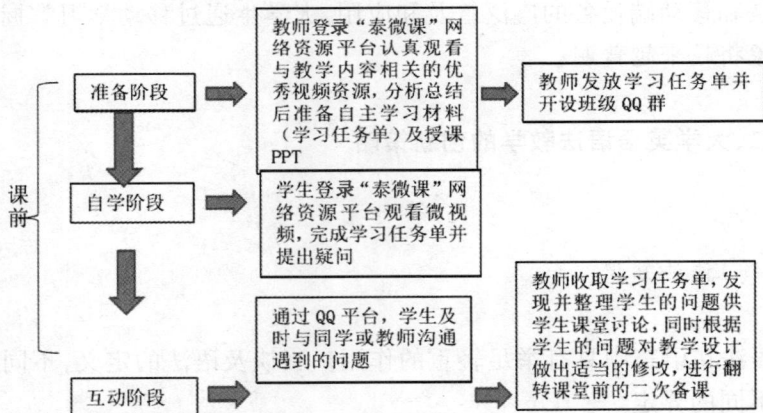

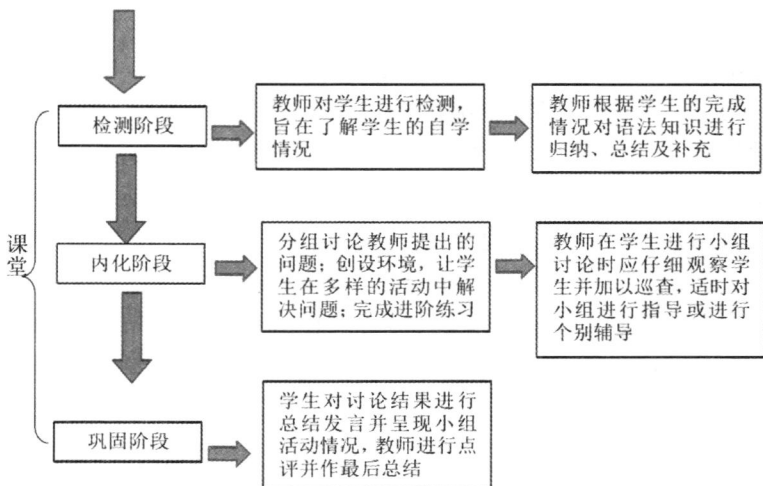

图 3-1　英语语法翻转课堂教学流程

（资料来源：毛婷婷，2019）

2. 聚焦文化,开展语法教学

聚焦文化意识培养的英语语法教学,不仅能使学生习得相关语法项目,而且可以使学生在拓展文化知识、对比文化差异、理解文化内涵的过程中,提升跨文化交际能力与传播中华文化的能力。在实际教学中,教师应找准语言教学和文化意义培养的结合点,采取导入、渗透、比较等灵活多样的方法施教。具体而言,聚焦文化意识培养的英语语法教学可以从以下三个方面着手:

一是认真研读教材内容,确定教学主线。教材只是载体,教师要树立用教材教而不是教教材的基本理念。对于学生不熟悉的教材编排内容(如文化知识),教师可以把其作为暗线,引导学生通过比较、体验、赏析、应用所学语法知识来获得文化知识、理解文化内涵。

二是用心搜集教学素材,设计综合活动。"灌输式"的语法教学和"强加式"的文化知识传授容易使学生产生畏难情绪。这就要求教师采用一系列具有综合性、关联性和实践性的英语学习活动,引导学生观察、发现、总结、归纳语法规则和意义,进而使用所学语法知识来表达思想、传递意义,树立并坚定中华文化自信。例如,虚拟语气(Subjunctive Mood)一直是语法学习的重点和难点,传统语法教学中多以例句结构讲解和习题练习为主,课堂气氛较为沉闷,学生对此语法点的理解只限于书本上无生命、缺乏活力的例句,记忆和掌握的效果差,根本无法做到在英语写作、翻译和口语表达中正确使用这一语法点。针对这一客观情况,在讲授虚拟语气时,教师可以在课前制作关于该语法点生动直观的教学课件。课件以英语电影对话中的虚拟语气为导入,在网络上选取知名度较高、较受学生欢迎的英语电影,挑选人物对话中虚拟语气的例句并配以图片,如《泰坦尼克号》中的 "Jack: Rose, if I hadn't won the ticket, I would't have been on board. If we were alive, I would marry you some day." 以及《盗梦空间》中的 "Cobb: I wouldn't do that if I were you Mr. Fischer." 等。这些语句均出自著名的电影,再配以直观的图片,能够充分吸引学生的注意力,且成功展示了几种基础虚拟语气句式在实际语言中的应用。在进行完这些静态内容展示后,教师可以为学生播放相关视频剪辑,并布置在课下完整观看这两部英文电影的作业。这样的课堂导入使学生在课堂上对形式多样、内容丰富的网络教学产生了浓厚的兴趣,注意力和参与度有了显著的提高,并且对虚拟语气这一语法点有了较深刻的理解,使教学效果有了明显的改善。

三是重视创设教学情境,实施即时评价。教师要改变碎片化的、脱离语境教授语法的教学方式,有目的地创设具有文化氛围的教学场域,引导学生在体验中学习、思考相关语法知识,学会用得体的语言传递信息、表达情感或观点,并通过自评、互评等即时评价,有效传播和弘扬中华文化。

第二节　基于移动网络的大学英语听说教学

一、大学英语听力教学的创新策略

(一)听力技能

在听、说、读、写这四项技能中,听往往被认为是接受性的一项技能,但是并不能说听就是一个被动的过程,而是应该认为听是一项非常主动的活动,是一个积极地处理信息的过程。根据心理语言学的研究,听的过程与人的记忆力关系非常密切。人的记忆力划分为三种,即感知记忆、短时记忆和长时记忆(图 3-2),三者所承担的任务不同,构成一个完整的对信息加以处理的系统。

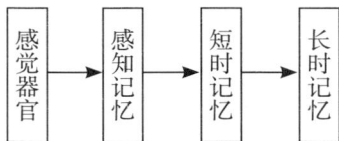

```
┌────┐   ┌────┐   ┌────┐   ┌────┐
│感觉│ → │感知│ → │短时│ → │长时│
│器官│   │记忆│   │记忆│   │记忆│
└────┘   └────┘   └────┘   └────┘
```

图 3-2　记忆的过程 [①]

外部的信息经过人类的感官,会保持一个较短的时间,这就是感知记忆,是瞬时的,指的是外部刺激以一个非常短的时间呈现之后,一些信息会通过感觉器官输入存储在头脑中,形成瞬时的记忆。显然,这是信息加工的第一阶段。短时记忆指的是信息呈现之后,保持一秒钟时间的记忆。长时记忆指的是学习的材料经过复述或者复习之后,在头脑中长久存储的一种记忆。根据三种记忆的阶段,听的心理机制可以归纳为三个阶段。

在第一阶段,人的感觉器官通过声音进行感知记忆,并根据自身已有的知识,将这些信息转向有意义的单位。人们在听母语的时候,这种感知记忆是非常容易实现的,但是如果听的是非母语,那么就会出现一系列问题,甚至很多时候人们还没处理完信息,新的信息又进入了,导致自身没听懂。

在第二阶段,信息处理在短时记忆中实现,当然这一过程也是非常短暂的。在短时记忆阶段,听者将听到的信息与自身在长时记忆中的存储信息进行对比,将记忆中的信息整合,从而构筑新的命题。听者需要对语流加以切分,当然切分的目的在于获取意义,当获取了意义之后,听者就会忘却具体的词汇、语句。显然,在这一阶段,处理的速度是非常关键的。已有的信息必须在新的信息进入之前就处理完成,当然这很容易使学生的脑容量超载,甚至很多时候无法从信息中获取意义。但是随着学生听力水平的提升,他们具备了一定的知识储备,那么对信息的处理能力也会提升,从而能够留出多余的时间处理那些较困难的信息。

在第三阶段,听者会将所获取的信息转向长时记忆中进行存储,并

---

① 　崔刚,罗立胜.英语教学理论与实践[M].北京: 对外经济贸易大学出版社,2006.

与自身的信息紧密联系起来,从而对命题的意义进行确立。如果新输入的信息与自身的已知信息能够匹配,那么就说明这些新信息容易理解。在这一阶段,形成的命题与长时记忆中的固有信息紧密联系时,大脑往往会通过积极思维展开分析与归纳,从而使这些信息连贯起来,构筑新的意义,最后储存在自身的长时记忆中。

当然,学生在听力技能训练中也会存在一些问题,具体分析如下:

第一,学生基本语音知识的欠缺。语音知识是听力的基础。大多数学生无法掌握 48 个音标的准确发音,对音节强、弱,连续、漏读及不完全爆破这些常识的了解都较少,更无法真正了解英式英语与美式英语在发音、语调、重音、弱读甚至节奏上的区别。

第二,学生词汇量有限,跨文化常识欠缺。缺乏词汇量和欠缺跨文化意识是限制听力理解的要素之一。高校学生受限于词汇量和东西方文化差异,对英语为母语的国家的历史、民族、地理、人文风俗、生活方式和思维方式以及相应的文化背景知识缺乏认知和理解,成为听力训练过程中的拦路虎。

第三,母语对学生听力水平的影响。学生容易混淆英语音标和汉语拼音的发音,并且习惯于将语音材料翻译成中文来理解意思并完成题目,因此,很难将语音信息转化为要获得的有用信息,导致听的过程中反应速度降低,影响了听力效果。

第四,学生欠缺良好心理素质。由于学生对听力产生了恐惧和焦虑,他们在听的过程中处于高度紧张的状态,这大大影响了他们对听力内容的理解,造成听力效果降低。也有一些学生太过于追求高成绩,考试压力比较大,在听前五个问题时由于压力而未能跟上,使他们觉得表现不好,下面的问题基本上就会放弃。从长远来看,这类学生因缺乏良好的心理素质而害怕听力,产生恐惧的心理,不利于提高学生的听力水平。

第五,教师欠缺高水平语言综合运用能力。目前,许多学校的英语教师实力并不强。大多数英语教师的母语不是英语,也很少有机会与以英语为母语的人交流,所以他们的语言表达并不标准。因此,他们不能完美地发挥自己的作用,也不能为学生提供合适的口语练习材料和创造良好的口头交流情境。目前,一些英语教师发音不准,口语表达存在问题,直接制约了学生英语听说能力水平的提高。

（二）基于网络环境的大学英语听力交互式教学的优势

20世纪70年代，美国著名的教育心理学专家 A. L. Brown 和 A. S. Palinscar 率先提出了交互式教学模式。交互式教学旨在提高学生的交流、理解、阅读和自主学习的水平。在"支架式"教学的基础之上，交互式教学不断地发展和完善。在大学英语听说教学中，应遵循英语教学的基本原则，并结合学生的实际状况，采取灵活多样的教学方式，以学生为核心，力求激发学生的学习热情，使教学方法与教学实践互动、师生互动、生生互动。大学英语听读教学交互的内容领域主要包括五个层面，听、说、读、写、译。"学"是教育的核心，"教"是教育的主导，激发学生对知识的渴望和对学习的热情，为满足他们的学习需求创造更多的条件。

此种教学模式主要重视交流及互动，提倡课堂以学生为主体，保障班级资源能够得到科学的分配，促进学生自主学习和交流互动，在班级中能够开发学生个体潜力，提升学习效果。传统的课堂主要以教师为主体进行知识的传授，学生就是被动地进行知识的学习，导致学生没有学习主动权。而交互式教学则不同，让学生的学习具有主观能动性，加强课堂上的沟通交流，让知识能够互通流动，互相分享自己对知识的理解，通过加强沟通使学生产生知识碰撞的火花，增强学生的逻辑思维能力。

与此同时，在线课程能够迅速地在全国推广，并且推动教育改革的实施，主要是因为其自身的性质给它带来了众多的优势。在线课程能够充分地调动师生进行教学互动，在线学习，让教师为学生解答疑难问题，促进师生交流，提升教学质量。这本质上就是在进行实体授课，只是实现了课堂的空间转变。在线课程是完整的教学系统，与传统的教学一样，在线交互课程也会设有课后作业以及考试等环节，从而保障学习质量。

网络直播教学为当代教育提供了新的发展契机，也对广大的教育工作者提出了新的要求。教师是大学生知识系统的建构人，要充分发挥其自身优势，积极策划和实施与其相适应的教学活动，使师生之间的"交互性"得到有效提升。在教学实践中，教师应该对整个教学过程进行整体的交互式设计，即以提高学生的自主性为核心，从教学内容、方法、环节等方面入手，对实践性环节、学习支持服务等方面进行通盘考虑、整合设计，使各个环节紧密相连、多元互动、融为一体。教师还可以建立隐性互动,以此引导学生之间的互动,提高教学效率。而在互联网时代,由于信息技术的发展,多媒体技术渗透到教学中的内容也会越来越多,在网络直播英语教学中,学生、教师、媒介三者之间的相互作用将会带来更多的变化,这就迫切需要英语教师对网络直播教学进行更深层次的探讨。网络直播教学改变了教学地点和教学时间,还改变了教学结构,实现了个体教学向集体教学的转变。

(三)基于移动网络的大学英语听力交互式教学应用

1. 语音平台的应用

语音平台具有没有语音延迟,音频清晰流畅,超强的即时互动能力等诸多特性,拥有专门的电子白板和"教室",可以分享 PPT、分享视频,还具备举手发言、桌面捕获、音频录制等功能,学生可以利用平台通过语音或者文字形式进行学习交流,完成教学活动。

2. 交互式教学模式的应用模块

语音平台包含了许多独立的功能模块,它们相互联系,形成了一个有机的整体。教师可自行编写课程介绍子模块并将其公布给学生,通过网络课程子模块,教师可以利用该平台上的相关备课工具,完成并制作出相应的多媒体课件和电子教材,将其储存在网络平台上,或者通过外设软件进行编辑,方便学生自主学习,也可以在教师进行教学时使用。学生可以下载、浏览有关的教学课件、教案等。通过这种平台,学生可以自主地进行预习和复习,使学习过程更加灵活、便捷。习题指导模块是一个包含大量考试资料的数据库,包括听力、阅读、写作、翻译和阶段测试等。阶段测试相当于独立学习模块中各个单元的相关训练与测试。除此之外,综合考试还可以对学生的整体语言能力进行最终考核。教师将教学视频资料与音频资料上传到教学视频子模块和听力练习子模块,还能够分类整理,子模块支持 MPEG、RMVB、AVI 等视频格式以及 WAV、WMA、MP3 等音频格式。通过线上辅导子模块,教师可以在网上建立许多虚拟课堂,为师生之间的交流沟通营造良好的网络环境。相对于传统的课堂,线上教学更加灵活,没有地理位置的限制,教学效率更高。同时还可以通过网页协同、文件下载、共享通道进行浏览,具有完善的、系统化的应用功能。系统运行更加稳定,为教师提供课堂答疑、课外辅导、互动式教学等多种应用模式,使学生获得真实直观、身临其境的学习效果。教师利用网络作业的子模块,在线布置、批改、分发作业,让学生们可以在线上完成作业并提交。学习论坛子模块是一个群体交流的平台,只要是通过了审核认证的学生,都可以在这个论坛模块上进行讨论。

（四）基于移动网络的大学英语听力教学创新的策略

1. 创建教学情境,产生代入感

为了激发学生对英语听说课程的兴趣,促进学生对于单元主题内容的了解,教师可适当将国外正面积极的文化知识结合到日常的教学中,构建出具有特色的外国文化教学情境。教师可以在课堂上为学生播放一些包含丰富文化背景知识,且充满趣味性的电影。例如,大家比较熟悉且喜爱的《美女与野兽》,又或者是可以将美国历史、风土人情充分体现出来的《阿甘正传》等。通过其中一些曲折的情节、生动的画面使学生快速集中课堂注意力,仔细听、认真看。之后,再鼓励大家以小组形式再现其中的经典对话。这样既有助于激发、保持学生的听力兴趣,增强其语感,学生还可以对国外的文化背景、风俗习惯有深入了解,进一步拓展其认知视野。

在情境创设时,还应该重视情境的真实性,凸显出时代气息,重点关注的话题还应该贴近学生的学习和生活。另外情境也应该合理化,重视创设情境的有效性,合理的情境可以促进学生更好地体验生活,更好地促进学生英语能力的提升,还可以应用一些信息软件来丰富情境效果。教师也可以让学生分组进行角色扮演,锻炼学生的即兴发挥能力。这样的情境设计环节不仅能够让学生对英文学习有更加深入的感受,同时也让他们的语言组织能力和表达能力得到较为明显的提升,从而获得更好的教学效果。

网络资源在英语听力教学中的使用可以增加娱乐性质的听力内容,如电影原声、英文歌曲、英语脱口秀等,将学生的注意力吸引到课堂内。传统英语听力教学中教师认为使用娱乐性质的听力材料会降低学生的注意力,降低听力教学的质量,在课堂内应该以传统的教材听力材料或者是应试性质的听力材料为主,但这种固化的教学方式存在偏差,英文电影、歌曲等主题鲜明,其中包含了许多关于梦想、成长的正面信息,学生在接触这些内容时,也会自主思考。英语的书面表达与日常中的口语表达有所不同,会受到当地语言环境的影响出现表达不清晰等问题。例如,《窈窕淑女》中存在各种发音不标准,语序不通顺等情况,是因为主人公当时生活的环境属于下层人的环境,后续口音的矫正、正确的英语发音等与前面的片段形成鲜明的对比。通过前后对比的方式,学生能够加深口语发音的印象,提高英语听力水平。

在英语听力教学中使用网络资源,引入娱乐性质的听力资源能够给学生带来更加愉快的感受,缓解学生的学习压力,并且可以帮助学生正确地对待英语听力材料,了解听力材料中存在的不合理之处,从而提高学生的英语听力水平。但在英语教学中教师要平衡好娱乐材料的比例,不能让娱乐性质的听力材料占据课堂成为主体,从而忽视其他模块的教学。课后教师可以为学生推荐优秀的英文电影,培养学生的英语听力能力,激发学生的学习兴趣。

2. 加强师生互动,培养学生的自主能力

学生要认识到自己的实际水平,努力提高自己的学习能力,进行自我学习反思,积累学习经验,并进一步采取有效的学习策略,及时地解决在学习中遇到的困难,从而使自己的英语听说水平不断得到提升,由原来消极被动的学习态度向积极主动的学习态度转化,使自己的积极性得到充分发挥。因为在传统的学习模式中,学生自主思考较少,过度地依靠教师会使他们的自主学习能力难以得到提高。学生要想有效地提升课堂学习效果,必须要积极反馈自己在学习过程中遇到的问题与难点,发挥主观能动性,加强对英语听说教学内容的理解与思考。除了利用课本内容外,教师还要利用好多媒体设备,通过互联网补充欠缺的地方。例如,使用 EV 录屏等软件设计并制作微课程,将课本中没有呈现出来的内容以微课程的形式展示出来。

3. 合理安排教学内容

传统的教学方式以培养学生的语言技能为主要目标,其实除此之外,教师还应注重学生学科思维的培养,注重培养学生的思辨能力,科学地安排好课程内容,将语言技能与深度思考相结合,让学生通过学习

深化思想。根据在线课程教学内容资源,教师可以采用分组的形式让学生集中探讨,让学生自己对教学内容与听说材料进行剖析。这有利于激发他们的思辨能力,培养他们分析问题、解决问题的能力。通过对学习材料进行剖析,学生在读书中获得的知识一定能给他们带来积极的作用,从而帮助他们树立起正确的世界观、人生观和价值观。合理安排英语听说在线课堂教学内容,根据教学内容选择合适的教学方式,引导学生进行自主思考,有利于学生深入理解知识内涵,从而提升自身的英语综合能力。教师可以选择一些优秀的英文电影作为听说材料,让学生为英文电影配音,结合电影中的人物形象特点揣摩说话语气与情感变化,将"读英语"转变为"说英语",以此感受英语在实际应用中的表达技巧。教师还可以将一些经典的英语戏剧或话剧作为听说练习材料,让学生分组配音剧本的选段,不仅能够让学生了解经典英文作品的文化背景,还能通过配音表演的方式加强英语互动性,让每一个学生都能参与其中,从而提升学生的英语思维能力与听说能力。

互动教学是以教师、学生以及教学资源之间的互动作为链接,把课堂上的多个环节联系起来,形成一套完整的信息交流与分享的立体网络结构,使学生可以在课堂上构建的互动情境中积极地学习,发挥潜能,激发学生的主动性和创造性,从而让学生通过自主探究提高英语学习效率。互动教学在大学英语听说教学中的应用,行之有效地提升了学生的英语综合能力。与此同时,科技的发展让资源共享成为时代发展的主流,学校应当抓住时代的连接点,应用多种网络直播资源提升大学英语听说交互式教学质量,提高线上课程的利用率。当线上课程受到了师生的认可,就会将在线课程本身的价值完全地体现出来,从而使学生进一步认识到大学英语听说交互式教学的价值,激发学生学习的主观能动性。

（五）基于移动网络的大学英语听力交互式教学实践

1. 听前准备

在学生听英语教学材料前,教师要提前与之互动,掌握他们感兴趣的内容,并让学生做好充分的课前准备。在课堂上,教师要根据学生的实际掌握情况提出问题,让学生通过讨论深入探究教学内容,也能起到锻炼英语听说能力的作用。课堂导入环节可以使学生大致理解所要听的主题,激发其学习兴趣,使学生在师生互动、生生互动中提高英语学习的主动性,使其更好地参与到课堂活动中,提升学生的课堂参与度。其次,在听前准备阶段,师生间的有效交流活动营造了活泼又轻松的课堂氛围,在这种环境中,学生能够轻松自如地进行沟通交流,口语表达水平也能获得一定的提升。

2. 课堂训练

交互式学习模式认为,教育是以学生为本的,应赋予学生学习的权利与义务,以此培养学生的主动性,将被动学习转化为学生主动参与学习,形成独立的学习型人格,在学习探索的过程中不断进步,从而提升英语听说能力。交互式教学模式十分注重师生间的互动,注重改变传统的以教师为中心的教学方式,向以学生为中心的新的教学方式转变。在进行大学英语听说教学之前,教师和学生之间的互动环节可以使学生的听力能力得到锻炼。课堂训练中应当注意以下几点:

第一,要保证听力材料的完整性。首先要让学生对所学的材料有一个大致的了解,这样能够帮助学生更轻松地理解材料内容;

第二,听过材料之后,要让学生对听力材料进行适当的讨论交流,这样才能引导学生逐步掌握所学知识,并根据所学知识解答问题;

第三,教师要精心设置与听力内容相关的问题,问题的难度应逐步递增,之后通过学生对问题的回答来判断其对学习内容的掌握程度,并根据评估结果进行针对性的答疑解惑。

在交互教学的过程中,学生也要根据自己在课堂上的学习情况与学习效果,制定出适合自己的英语学习策略和方法,并在以后的学习过程中加以改进,实现最优化的学习模式,逐渐提升英语听说的能力。

3. 听后总结

完成听力活动后,教师要及时反馈学生的完成情况。教师在反馈学生任务完成情况时,可以先让学生对自己的任务完成情况进行自评。在完成反馈活动之后,教师要对听力材料中的基本句型和词汇、习惯性用语以及固定搭配进行总结与教学,有效巩固学生对基础性知识的掌握。其次,教师可结合实际情况,利用听力材料布置分组讨论或角色表演的任务,使学生能更有效地掌握和理解所学英语知识,逐步提高其语言听说运用能力。在英语听说课堂上,教师要了解每个阶段学生的不同学习需求,对于基础较好的学生,教师可以适当选择一些有挑战性的听力内容;对于其他学生,教师可以选择基础性听力内容。在实施听说互动教学的过程中,教师是促进学生知识建构和人格发展的动力。因此,互动式教学打破了传统的不平等的师生关系,使教师和学生成为学习伙伴,在课堂上进行平等交流。在进行英语互动时,教师要时常运用激励的教学方式,引导学生大胆地进行英语听说练习,激发学生进行英语听说练习的内在动力。

4.评估体系

学生在应用直播平台进行学习时,教师通过平台的教学互动,实时了解学生的学习状况,可以对学生的学习状况进行长期的跟踪记录,系统和教师也能对学生的实际学习状况进行细致客观的分析,从而得出科学有效的数据,这也有助于学校不断完善评估体系。在建立评价机制时,也要重视机制的长效化与动态化,要长期追踪学生的学习情况,让教学效果评价可以及时、准确、客观地反映学生学习的变化情况。例如,教师可以利用微信群、QQ群、U校园、随行课堂、学习通等信息平台对课堂教学进行评价,还可以利用电子档案系统记录学生的成长过程。平时在教学中,教师也可以根据这些评价信息制订更具有针对性的教学计划,能够如实反映出学生的真实表现。根据学生数据,教师能够更好地设计大学英语听说课程的教学方案,优化教学设计,完善教学过程,并激发学生的学习主动性,提高学习效率,提升教学质量,达成教学目标。

二、大学英语口语教学的创新策略

(一)口语技能

在18世纪,关于语言的研究主要在于如何对语法进行正确的使用。即便如此,优雅的语言逐渐成为人们对语言进行准确使用的目标。在这一时期,出现了语法翻译法,并在18世纪末期盛行,这一方法是用母语来讲述英语的一种方法,在英语教学中,这一方法有着极大的影响力。因此,虽然人们对口语语言有很大的兴趣,但是对当时的教育影响不大。

19世纪,随着语言教学的推进,口语理论发生了巨大改变,这一改变尤其体现在欧洲使用的语法翻译理论被19世纪80年代的改革运动取代。到了20世纪50年代,情境教学法在法国兴起,并先后流传于英国、南斯拉夫等国家。随着录音技术的进步以及彩色出版物的出现,以言语作为媒介推进语言学习成为焦点。虽然口语被运用到教学中,但实际形式并不是展开自然的交流,因为要练习语法结构,必然对口语交流进行限制,因此20世纪上半期的口语教学理论实际上是自相矛盾的。

在20世纪70年代,英语教学越来越多地受到了认知理论和社会语言学理论的影响。由于听说法具有机械性,使得句型操练脱离了具体的语境,很难培养和提升学生的交际能力。显然这一教学法对交际过分强调,并认为英语教学不应该如同语法翻译法那样对语法过分强调,也不能像听说法那样对结构过分强调,而应该从语言的表意功能出发。这样做可以将学生的中心地位体现出来,基于学生的实际情况对教学内容加以选择,对教学目标进行合理的确定。显然,这一教学法的主要目的在于培养学生的交际能力。

近些年,一些学者又提出了任务型口语教学的理论,这一模式是基于二语习得理念建构起来的,同时也吸收了交际法的精髓。任务型口语教学将交际意义视作中心,主要为提升学生的交际能力服务。但是,由于其过分强调交际,这会让学生过分依赖交际策略,甚至也会将注意力转移到交际上,因此会在一定程度上丧失对整体性的理解。

(二)基于移动网络的大学英语口语教学创新的策略

1.逐步实现口语教学的网络化

新一代的大学生是在网络时代成长起来的,他们熟悉各种网络环境和软件。相比课堂上直接展示任务,录播视频有以下优势:

(1)学生心理较为放松,可多次录视频直到满意,避免课堂失误带来的尴尬,极大地提高了学生的自信。

(2)视频中加入英文字幕,避免了课堂活动中因展示者发音不标准或声音小而导致许多学生听不懂的现象。课堂展示时没有话筒,使得听众无法听清内容,所以往往展示者尽兴演出,而听众不知所云。

（3）在反馈方面,学生在网络上进行评价时,不论是文字评价还是语音评价,都显得比课堂更为活跃。比起线下口语课堂的点评活动,学生更喜欢在网络上发表观点,畅所欲言。

（4）在访谈或短剧表演中,课堂展示往往受到教室环境的影响,学生很难进行不同场景的转换。录制视频时,学生可根据内容选择合适的场景进行录制,适当化装,准备合适的道具。比如,在《全新版大学英语综合教程第三册》第六单元《最后一片叶子》(the last leaf)的表演中,学生不仅表达流畅,将小说内容转化成短剧形式,而且可以在不同场景进行录制。第一幕 Sue 和 Johnsy 的对话以宿舍为背景,学生在宿舍窗户上贴了藤叶的图片;而第二幕,医生和 Sue 的对话背景是过道,所以学生将拍摄背景转到宿舍外的过道;医生的扮演者穿白色外套,用耳机代替听诊器挂在脖子上,使得人物形象更加生动。这组视频在课堂一经播出,所有学生一改漫不经心的状态,都抬头认真观看,并几次给予热烈的掌声,在观赏完后从服装道具到台词的改编方面也进行了热烈讨论,学生之间的互动意愿表现得极为强烈。

（5）节约课堂时间,提高课堂效率。网络播放视频减少了因课堂表演准备而耽误的时间,或因课堂展示失误而耽误的时间,使得课堂效率更高。

（6）鼓励更多的学生以自愿的形式参与到口语活动中。由于班级人数多,课堂时间有限,每个小组派一个或几个代表展示,时间上已颇为紧张,不可能邀请所有学生参与,而网络展示可将课堂时间延伸至第二课堂,保证更多的学生参与到口语活动当中。

目前,网络软件和硬件的成熟为口语课堂向网络转移提供了便利条件。网络的快速发展、电子设备的平价化为大学英语口语课程的网络化和翻转化提供了便利条件。价格优惠、功能多样的手机和电脑成为许多学生生活的标配,即使没有电脑,手机的功能也足以支持口语课程任务的完成。网络上视频剪辑软件如爱剪辑、剪映、剪辑、快影等软件简单易掌握,功能强大,不仅可以录制、剪辑视频,还可用于英文影视剧片段配音练习,特别是一些免费的软件更是深受学生的喜爱。

大学英语口语活动的网络展示平台也百花齐放:微信群、QQ 群、雨课堂、超星平台甚至抖音都可作为展示学生口语任务的平台。教师可根据口语任务形式或课堂实际需求以及学生喜爱程度进行网络平台的选择。除了软件,学校硬件也在不断升级。智慧教室的运用使教师和学生之间的交流更为流畅,信息沟通更为便捷,口语任务的传输和评价更为便利。

2. 优化翻转课堂的内容和形式

以上教学手段为新时代大学生口语课程改革提供了新的途径,那么同时教学方法也需与时俱进,优化、深化翻转课堂,将学生的任务放置课下完成,课堂展示、点评互评,课下重新提交,以形成良性循环。

第一,鉴于大学英语课程大部分都是大班授课,建议根据班级实际情况以 5 ~ 8 人为一小组,每次根据任务的不同,派出一位或多名同学完成。力争每人一个学期至少有一次课堂展示的机会。小组活动更容易提高学生课堂翻转的参与度,并且让学生获得更多的安全感。

第二,口语任务主题应该具有共性,即形式可以多样化,但主题要保持一致。仍以《全新版大学英语综合教程第三册》第六单元《最后一片叶子》为例,学生可以个人形式演讲、复述故事或讲述感想,也可以两人一组进行访谈,还可以多人合作短剧。虽然形式不同,但学生在参与自己小组活动时都进行了资料分析整理、口语练习准备,所以在最后的讨论和点评环节,学生显得积极而自信。由此可见,只有任务主题一致,有所准备,大部分学生才会参与到此主题中,这样在后续观看任务展示环节才会产生共鸣,在点评环节才会有深刻的感受,课堂翻转才更加成功。相反,如果每次口语任务没有范围规定,只提出形式一致的要求,那么就会出现学生观看时没有共鸣,点评时不积极的现象,课堂翻转无法展开。

第三,要将以往教师点评转为教师点评和学生互评相结合的形式,尽最大可能提升学生对口语活动的参与度。课堂翻转就是要把学习的主动权交还给学生,把课堂的舞台转交给学生。教师在讨论和点评环节也应尽量淡化其指导功能。

第四,在评价和反馈过程中,对于中国大学生口语中语音、语调、连读等问题的通病,教师在课堂上进行统一解决,如辅音 t、d、k、g 的发音都是由气流产生,而受本土发音习惯的影响,学生经常发成 /tə/、/də/、/kə/、/gə/。针对这一通病,教师可设计活动作为课堂翻转任务进行专项练习。对于各个小组中出现的非共性错误,教师可在网络展示平台进行点评。任务完成者在课下对作品作相应的调整,为完成下一个任务打好基础。

第五,完善的口语测评体系为英语口语教学的翻转提供保障。目前,流利说英语、扇贝口语、口语易、FIF 等口语练习软件能够针对使用者的问题进行评分,以便使用者看到自己口语中存在的问题,有针对性地练习,从而提高口语水平。除了鼓励学生充分使用网络口语练习软件外,在课堂上教师还可以发放口语评价表,让学生评价展示者的语音发音是否标准,语调是否正确,词汇和句型是否正确丰富,表达是否连贯。学生在使用这些标准评价同学时,也以此为鉴,按照标准提升自己的口语能力。

网络日益成熟的新时代为大学英语口语教学的改革提供了新的思路。在大学英语课时不断被挤压,提倡网络自主学习的大环境下,将大学英语教学网络化,使学生通过喜闻乐见的网络形式查找资料、交流心得、拍摄录制、播放探讨、完善修正,将口语教学从寥寥几个学时延伸到更多的课下自主学习,从时间上和空间上都给大学生提供了更多的英语口语学习机会。而教师精心设计翻转活动,充分利用课堂时间,保障了学生能掌握更多的口语知识。

第三节　基于移动网络的大学英语读写译教学

一、大学英语阅读教学的创新策略

(一)阅读知识

在学生学习英语时,阅读是必须要掌握的一项技能,也是对学生英语水平进行衡量的一项重要指标。通过阅读,学生可以获得丰富的信息,拥有丰富的体验,感受语言的文化魅力。阅读有一些基本的模式,具体包含如下几种模式。

1. 自下而上模式

自下而上模式起源于 19 世纪中期,是一种较为传统的阅读模式。所谓自下而上,即从低级单位向高级单位加工的过程,低级单位即基本的字母单位,高级单位如词、句、语义等,从对文字符号的书写转向对意义的理解的过程。

也就是说,自下而上的阅读模式是从对字母的理解转向对文本意义的理解。显然,这一过程是有层次、有组织的。因此,读者要想对语篇有所理解,就必须从基本的字母入手,理解某个词的意思,进而理解句子、语篇的意义。

2. 自上而下模式

自上而下模式与自下而上模式正好是相反的,其产生于 20 世纪 60 年代,是读者基于自己的知识结构,通过预测、检验等手段对阅读材料进行加工理解的过程。自上而下的阅读模式以读者为中心,侧重于读者自身的背景知识、兴趣对阅读产生的影响。

著名学者古德曼(Goodman)指出,阅读可以被视作一种猜字游戏,读者运用自身固有的知识结构,减少对字母等的依赖。在阅读中,读者需要对语篇结构进行预测,并从自身的知识出发理解语篇。

3. 交互作用模式

交互作用模式起源于 20 世纪 80 年代,这一模式运用各个层面的信息来建构文本。但是,交互作用模式是一种双向的模式。交互作用模式是将上述两种模式融合为一起,涉及两个层面的内容。

第一,读者与语篇之间的相互作用。

第二,较高层次技能与较低层次技能之间的相互作用。

就文本理解而言,自上而下模式相对来说比较重要;对词汇、语法结构而言,自下而上模式相对来说比较重要。如果将两种模式的精华提取出来并加以综合,就成了交互作用模式,其便于对语篇的整体理解。可见,这一模式是最为实用的模式。

（二）移动网络背景下的大学英语阅读教学

在《教育信息化"十三五"规划》中，已把教师利用信息技术创新教学模式、推动形成新的信息化教学视为一种新常态。《大学英语教学指南》中要求各高校充分利用信息技术，创建多元的教学与学习环境。移动教学中，学生可以通过移动设备，借助无线通信网络，即刻获取资源来学习，同时也可以通过与他人的互动完成个体与社会知识的建构。对于生长在网络时代的当代大学生而言，他们更习惯采用移动学习模式，让学习不受时间、地域的限制，随时随地可以展开。

与传统课堂相比，便捷灵活的个性化特征使移动学习的优势不言而喻。当然，这些优点也是对传统课堂不足之处的补充。书本知识"走进"手机，教师一键开启教学任务，学生利用手机便可答题互动，作答结果教师在其设备终端即刻轻松获取，无论课内课外，随时开展"你问我答"答疑解惑，海量信息分门别类，拓展阅读资源唾手可得……随着时代的变迁，教育理念也呈现出日新月异的面貌，在新时代我们要因势利导，抓住当下最好的资源，让现代科技进校园、进课堂。因此，经受过疫情考验的高校现如今纷纷开展移动教学研究，旨在打破环境对教学的限制，提高学生学习的主动性、积极性，让学生更加便捷、主动地参与各个教学环节。

众所周知，大学英语课堂人数基数大，往往合班上课，周课时也很有限。在这样的客观环境之下，阅读课环节的设置就更是少之又少，很多时候都会在精读课文中一笔带过，并没有太多的课时进行阅读能力的训练。但《大学英语教学大纲》明确指出："培养学生具有较强的阅读能力和一定的听、说、写、译能力"，把大学生的阅读能力放在英语能力培养的首位，足见其在大学生英语学习中的核心地位。同时，在全国英语四级考试中，阅读部分占比也很大。移动教学模式则可以很好地解决这一问题，让学生的阅读不再被忽略。

在教师设置好的阅读任务中，各类移动教学平台可以提供技术支持，实现阅读过程的全记录以及读后测评跟踪。让每个人的阅读效果一目了然，教师以此为依据，更加有针对性地把握课堂，做到高效点评、个性化支持，让学生逐步扫清阅读障碍。

大学英语阅读教学过程侧重学生阅读英文文章的数量和质量。在这方面，各类移动教学平台提供技术支持，移动教学过程对师生和校方提出了更高的要求：

对于教师而言，其不再是课堂的中心，而是把这一角色交给学生，让学生做课堂的主人，教师只是学习活动的组织者。在阅读训练中，教师要学会筛选各类学习资源，并对其难易程度进行分类。只有这样，才能让学生实现分级阅读的有效训练，逐步增长阅读的自信。当然，教师还需进一步细化教学目标，针对学生各方面能力的培养设计教学环节，移动教学过程中特有的问题也需要随时记录，以便为日后教学提供经验。除此之外，移动学习模式对教师使用现代化信息技术的能力也提出了更高的要求。教师不仅需要熟悉移动设备及无线网络的使用方法，并且需要熟练掌握各种移动教学模式平台的操作步骤。由此一来，教师才能更加完整地为学生展现基于移动教学模式的阅读训练环节。

对于学生而言，首先需要提高自主学习意识，在信息大爆炸的时代学会甄别信息，培养自身选用有效信息的能力。其次，学生需要明确学习目标，坚定学习信念。在移动教学模式下学习英语、训练阅读能力是一个循序渐进的过程，需要学生坚持不懈地学习。

对于学校而言，移动教学模式在教学中的应用需要依赖基础建设的网络设置和移动终端的教学设备。校方应重视这一方面的投入，提高校园内网络服务质量以及网络平台的稳定性。同时，还要积极响应国家政策，定期对教师队伍进行技术专业培训，逐步提高校内教师移动教学的技能水准。

（三）基于移动网络的大学英语阅读教学的策略

目前，全国各高校基于移动教学模式的大学英语课堂呈现出多元化特点，多数以翻转课堂、微课、慕课或混合式教学为主，也经常配合微信、微博、QQ 等社交平台的使用。它们各有所长，如慕课（Massive Open Online Course），它是由国内外知名学者通过互联网对大众授课，没有门槛限制，只要感兴趣的学员都可注册，都可享受在线资源，自主学习；又如微课，即授课教师把课内重点、难点录制成教学视频片段，以供学生反复研习、自由复习之用；再者，如微信、微博、QQ 这些社交平台，在促成师生、生生互动和学生与多媒体、移动终端及海量网络资源的主客间互动上亦是优势明显；最后，超星学习通的功能也很多样，如签到、讨论、作业、评分、统计等，有助于实时记录学习过程，并开展教学研究。它记录了学习、互动全过程的数据信息,对于任意教学环节的参与情况一目了然,有助于教师进行数据统计。由此可见,移动教学模式能够在大学英语课堂上赋予其互动性,使阅读环节或者其余教学活动省时增效。各移动平台在大学英语阅读教学中的综合应用思路具体如下:

1. Pre-reading

(1)微信:充分利用微信中有关英语阅读的小程序(如英语阅读 lite、橘子英语阅读等)及优秀的订阅号(如 CGTN 和 China Daily Language Tips)为学生筛选、推送适合其阅读水平的文章。比如,即将讲到环保主题,见到类似文章,无论是新闻语篇还是网络文章,只要生词难度适宜,都可预先推送给学生阅读。这一环节只是希望他们通过粗略阅读在相应题材方面有所涉猎,对环保题材的特殊表达有一定印象即可。这样做一方面保证了学生课外的基本阅读量;另一方面还起到了抛砖引玉的作用——引发学生对某一事件或订阅号的兴趣,引导他们日常自觉阅读。学生对某些小程序或订阅号的持续关注不仅符合他们的日常阅读习惯,更培养了他们持之以恒学习的精神。

(2)单词软件 APP:当学生面对一篇生词连篇、晦涩难懂的文章,在没有考试时阅读压力的条件下,很难高效完成课堂阅读任务。因此,可以鼓励学生利用诸如百词斩、扇贝、墨墨这类单词软件来完成日常单词背诵的任务,以扫清单词障碍。同时软件上的打卡功能也有助于促成学生养成单词积累的好习惯,为其顺利阅读奠定基础。

课前的两个移动学习步骤看似简单,但只要坚持得好,无论是广泛涉猎各个阅读题材的订阅号,还是各类词汇的不断积累,都一定会对日后的阅读大有助益,从而有效保障课堂阅读教学的开展。

2.Reading

学习通、雨课堂等移动教学平台可实现学习、互动等全流程的数据记录、分析,可以实时查看学生任一活动的详细参与情况,从而辅助教师进行数据统计并做出及时的教学调整。在实际教学中,把相应阅读资源从书本挪到手机上的做法也更贴近学生的阅读习惯,能够提高他们的自主阅读兴趣。课堂上,教师可以先对本次阅读题材简单做一下介绍,因为前期已经有了小程序等的预读任务做铺垫,学生对本课题材不会过于陌生。其次,根据篇目的具体情况,教师选择好略读、跳读等阅读技巧的典型题型,开放题目后在设定时间内及时回收所有学生的阅读答卷,并且读取分析各个题目的正确率。有了平台的协助,教师可以轻松掌握学生的答题情况,从而更有针对性地讲解做题思路和阅读技巧,杜绝课堂上逐题、逐句讲解,浪费时间的拖沓现象。同时,学生也可以借助移动端,在教师设置好的答题时限内作答,因为有一定的时间紧迫感,可以激发自身的思考力。学生在手机上不仅能够看到自己的答题记录,还可以随时标记,记笔记。

教师基于移动端的教学设计使学生更加喜欢参与课堂教学活动。学生在自己手机上参与互动答题,也能使其更加专注课堂讨论,积极互动,融入其中,真正成为课堂的主人。除此之外,在阅读过程中出现的无论是字词层面还是阅读技巧方面的问题,都可以时时交流互动,表达自我见解,于无形中积累了阅读经验。不得不说,把阅读任务从传统课本转移到移动平台,教师享受到了科技带来的高效课堂反馈,学生无时无刻不在和教师、同伴互动,不仅深化了自身对知识的认识,还提高了学习效率。

3. After-reading

(1)微课:因微课短小精悍,这一形式在学生养成自主学习习惯上提供了便利条件。针对课堂反馈情况,教师可以用它来录制本堂课所讲篇目的阅读技巧和方法,还可针对文本分析长难句、讲解生词。学生可以反复观看微课,不断掌握理论知识,更加牢固地掌握阅读技巧。学生也只有在实操中才能转变成自身能力,为提升阅读能力打好基础。

(2)超星:其客户端拥有超过百万册电子图书、海量报纸文章以及中外文献元数据,可以让学生尽享无边界的移动学习服务。同时,教师还可建议学生将其感兴趣的内容订阅到自己空间,这便大大拓展了从课内到课外的阅读空间维度。超星在阅读数量的积累上可以说功不可没。

(3)QQ群、微信群、微博等社交平台:教师以小组为单位建立学习群,要求学生定时发送延伸性阅读的打卡记录,形成良好的学习氛围,促进阅读习惯的养成。教师还可轻松地发放课后阅读任务,设置答题时长,及时查看他们的阅读反馈。例如,在《新编实用英语综合教程1》的第三单元 How can I get there？的教学过程中,教师可以将课后任务等相关资料发布在班级微信群当中,通过在微信平台上发布为下节课的学习作铺垫。

当然,关于热门话题,还可发起话题讨论,让每个学生都能发声,表达自己的所想所感,提高英语的输出能力。利用我们熟悉的社交媒体,学生能够自由畅谈,与教师、朋辈随时沟通,使其在阅读中遇见的问题能够及时被发现、被解决,逐步克服他们在各类英语语篇中的阅读障碍,提升阅读自信。

无论哪一种课后移动平台,都可看出它们在英语阅读方面的推进作用。用学生喜闻乐见的方式让英语学习无时不在、无处不在。练就阅读能力非一日之功,有了课后移动教学环节的助力,阅读的数量增长了,阅读的维度拓展了,阅读的技巧活泛了,阅读的问题消除了,阅读的信心增强了。

总之,在大学英语阅读教学中要想整合各类移动教学模式的优点,使其最大限度地发挥作用、为我们所用,还需每位教师进一步细化阅读教学目标,发现更多问题,逐渐找出课前、课中以及课后最佳的移动教学模式组合。

二、大学英语写作教学的创新策略

(一)写作技能

英语写作的学习和训练是一个系统工程,需要多方面的配合才能保质保量地完成。学生的英语基础参差不齐,根据这种实际情况,在课时的分配上应有所放宽。由于课时少,要讲授的内容多,为了完成教学任务,教师往往顾不上学生英语底子差、知识匮乏的现状,只好加快节奏,必要的训练也得不到保证,更没时间及时了解学生对知识的掌握程度,或进行个别指导,这样势必会影响该门课的教学质量。因而各院系在排课时应该要考虑课时分配的合理性,以保证教师能保质保量地完成教学任务,使学生学习的系统性更强,知识掌握得更牢固。这是提高教学质量的有效保证。

社会不断发展,对人们英语能力的要求越来越高,广大教师与学生应增进相互间的了解,积极投入,注意总结,加强训练。只有这样,才能把英语写作这门课教好、学好,顺利完成教学任务。

（二）学生英语写作线上教学的意义

1. 突破时空限制，打造先进课程

当前，我国已进入互联网高速发展的新时代，通过短视频教学可突破时间、空间限制，发挥随时随地学习的优势，改变传统教学的死板方法，充分利用多媒体技术将互联网作为知识传播的途径，拓宽学生获取知识的渠道，方便学生学习。教师在进行教学设计时也可广泛收集各种先进资源，提高自身教学水平与综合素质，将互联网技术融入教学手段中，摆脱以往教材限制，使学生体验足不出户的新型英语课程，与国际接轨，培养综合型人才。传统英语课堂教学受限于空间因素，每节课预设好时间长短，教师利用有限时间着重讲解知识点，学生理解不充分。而采用微课、慕课等在线英语学习方式可帮助学生线上线下相结合，打破传统限制，有利于温故知新，并提前做好预习，以提高学生英语学习质量。

2. 创新教学模式，转变教学观念

英语写作是大学英语课程教学中较为重要的一部分，对提高学生英语成绩，改善学生英语学习质量至关重要。当前，在我国素质教育广泛推进的浪潮下，英语教师必须创新教学模式，转变传统观念，注入新鲜元素，活跃课堂气氛，消除学生对英语的畏难情绪与抵触心理。最典型的方法即是与互联网相结合，采用新型手段吸引学生的注意力，帮助学生温故知新，激发学习兴趣，活跃课堂氛围，为学生学习英语提供不竭的动力。

互联网资源有助于学生理解知识，对帮助学生消化课堂内容，紧跟课堂节奏具有重要意义。同时，教师可根据教材内容甄别、选择质量高的线上课程，配合精良的短视频内容满足学生的学习需求。

面对多种选择，学生可根据个人学习习惯与偏好进行选择，尽量保证网络教学内容与线下课程一致，提高学习效率。教师应摒弃传统教学模式，避免唯成绩论，充分利用多种教学资源，避免教学内容重复，也可结合学生学习兴趣进行定向检索，整合互联网资源再传达给学生，互联网除能够提升学生的写作能力外，对学生的听力与口语等语言能力也有优化作用。

3. 培养学习能力，提升学习质量

随着线上课程的广泛推进，教师不再是学生获取知识的唯一来源。学生可利用互联网进行主动探索，打造开放式教学模式。教师应当转变自身角色，化主导为引导，以培养学生自主学习能力为主，提高学生的学习质量，为学生长远发展提供助力，以获得更好的学习效果。

为提升学生学习的实效性，教师应多采用微课等课堂形式掌握学生学习情况，为学生制订符合自身条件的学习计划，改变传统以讲解为主的教学模式，增加与学生互动的时间，利用微课解决课堂中未解决的问题，为学生答疑解惑。同时，可利用移动终端设备随时随地与学生保持联系，远程监控学生学习情况，将学习从课内延伸至课外，鼓励学生与教师交流，形成良性循环。多利用手机、电脑等优质学习资源，妥善安排学习进度，利用学生课余时间提高其自身能力，达到理想的学习效果。

（三）大学生英语写作教学中线上教育的应用

1. 基于 Blackboard 网络平台开展混合式教学

混合式教育是一种基于网络技术的线上线下混合教育，将在线教育与面对面授课有效融合以提高教学效果。混合式教育模式既凸显了学生的主体地位，也发挥了教师的引导启发作用，转变了传统教学理念，形成了师生共同体，对提升学生实践能力有着积极作用。在大学英语写作教学中，教师可以应用混合式教学模式为学生讲解主题内容、创设写作情境、提供自主学习资源，并组织学生合作构建写作体系、研读优秀范文，提升学生的认知能力、合作能力以及表达能力。基于 Blackboard 网络教学平台开展混合式教学，需要教师先对学生进行基础测试，遵循组间同质、组内异质原则将学生分成四人小组，教师在 Blackboard 教学平台上上传写作课程通知、信息资料、学习视频、PPT 等，建立英语写作题库，组织在线测试，学生通过注册用户即可开展在线培训活动，实现互助式自主学习。

首先，应用混合式教学模式需要做好课前准备。教师要整合各个单元学习计划和重难点内容，将其发布至 Blackboard 网络平台上，并结合教材选择写作主题，上传相关文本、动画、教案等资源，让学生以小组为

单位开展预习活动,教师可以适当地融入小组讨论中,对学生的自主学习情况进行管理和辅导。

其次,要设计好课堂教学活动,对学生在预习过程中存在的写作知识难点进行答疑,并对学生的初稿进行反馈。教师可以利用提问的形式检测学生的预习情况或者随机选择一名学生的初稿文章为例进行深入讲解,培训英语写作技巧,让学生结合建议进行文稿修改并提交至Blackboard网络平台上。

最后,利用课后进行巩固提高。学生通过在 Blackboard 平台上进行自测并进行学习总结,然后上交至教学平台。教师也要对学生二次上交的作文文稿进行评价,给出相应建议,让学生再次进行修改,在反复修改的过程中学生会逐渐提升写作技能,体验到成功的喜悦。教师也可以在网络平台上发布几篇优秀习作,为学生拓展写作资源,促进学生共同进步。

2.Good Point 在线系统的应用

Good point 在线系统应用于大学英语写作教学中,其能够丰富写作素材,是一个重要的在线教育工具。在 Goodpoint 在线系统中利用文章规划器校对功能可以对学生所写的英语文章进行错误检查,系统可以结合文章构架给予一定修改意见,如可以将"然而""虽然"等连接词进行调换。文章规划器能够贯穿于学生写作教学过程的各个阶段,帮助学生厘清思路、抓住重点,如果在语篇轨迹出现缺损时,利用检查功能可以进行适当的检查与修改,进而更好地完成英语写作任务。

利用 Good point 在线教育系统有利于促进学生对英语写作素材的分析和编排,学生利用观点添加功能能够获得更多写作素材,也可以通过菜单选出错误类项,结合论点论据进行反复探究,这样有利于开发学生的写作思路。将 Good point 在线系统应用于写作教学中可以实现师生的平等交流,拓展写作课堂空间,将知识传授与答疑解惑延伸至课外,还可以在 Good point 平台上发布写作任务、组建写作群组等。目前大学英语写作教学都是大班授课,以全班学生为整体开展教学活动,但利用 Good point 能够创建不同的群组,结合学生的具体能力发布不同的主题,使学生在协作书写和观点碰撞的过程中实现共同进步。在群内教师可以对学生的作品进行修改与反馈,其他学生也可以发表自己的看法,这对培养学生的创新性思维,提升学生的写作技巧有着积极作用。

另外，Good point 系统能够体现过程学习理念，将构思、初稿、修改、反馈等融于一体，利用人机交互功能进行资源共享，既能为学生提供充足的学习空间，也能对其进行有效引导，打破传统课堂教学的局限性。

3. 在线自动评改系统的应用

写作批改是大学英语写作教学的一项内容，传统的写作批改都是以纸质形式进行，但由于任务繁重，教师通常都是以整体印象为主给出相应评分，学生难以发现自己存在的问题，致使写作能力提升进程较慢。利用写作自动评改系统可以实现在线英语写作批改与评估，能够为学生提供良好的写作环境并给予诊断性反馈，有针对性地提升学生的写作能力。

首先，在英语写作在线教育中利用在线自动评改系统实现人机交互。以某一单元话题为例，教师可以登录批改系统，发布作文标题和相应要求，学生利用网络教室根据要求完成任务，教师要提前告知学生打分公式、期望分值区间等，让学生结合批改系统的反馈进行修改，从而增强学生的自主学习意识。

其次，内外联动多向互动。学生在课外时间完成教师布置的写作任务，教师利用写作指导课堂采取教师评价、学生互评的形式，对各个作文主题思想、篇幅和词汇表达等方面进行分析，实现多向互动。利用自主写作到小组互助再到教师引领的联动模式培养学生的纠错能力，提升学生的写作技巧。

最后，建议研读内化活动，使学生养成良好的修改习惯。英语写作过程要将计划、转化与修改有效融合，在完成课前自主写作以及课堂教师评价后，要求学生利用课后小组讨论的形式进行建议研读，并重新修改作文上交至在线评改系统中，通过重复写作提高写作质量。在修改过程中学生对文章构想和词汇应用等方面更加注意，有效监控内容的完整性和合理性，提升学生的写作信心，发挥出英语写作在线教育的价值。

（四）基于移动网络的大学英语写作教学创新的策略

1.转变教学观念

为了满足当前学生学习英语的现实要求,迎合素质教育的改革浪潮,教师必须转变教学观念,注入新鲜元素,以更好地适应当代教育事业的发展趋势。在高校中,教师应主动使用互联网技术,发挥其特有优势,提升教学质量。通过教师引导选择学生感兴趣的写作题材,帮助学生选择合适范文,在日常生活中帮助学生积累词汇量,掌握写作规范,避免出现模板式教学。教师也应利用手机软件等新型方式及时与学生进行沟通,掌握学生的不足之处,有针对性地加以优化。学校应从培养教师写作能力开始,利用信息技术展开写作教学培训,以教师带动学生提高写作能力,借助讲座、交流会等活动形式丰富教师对互联网教学的认知,将线上线下教育相互融合,顺利完成教学任务。

教师进行英语写作教学时,要充分地利用学校所提供的先进技术,积极建立线上课堂,有效拓展学生的课外知识,帮助他们积累更多的写作素材。教师可以让学生下载有关英语写作的 APP,让他们在 APP 上进行练习,提高他们英语写作练习的便利性。APP 能够方便学生制定个性化的写作练习方案,提升他们的写作技能。

2.提升教师素质

为保证完成教学任务,教师应当具备专业的写作素养,丰富自身专业知识储备,以线上线下相结合的方式开展高效教学。高校英语教师应当提高对自身的要求,多选择符合时代特点的写作主题,多阅读优秀文章并将其传达给学生,利用信息化方式提高学生的写作能力,结合应用文与学生自身实际情况有针对性地制订教学计划,满足学生差异化需求,注重因材施教,达到事半功倍的效果。

互联网与传统教育相结合是当前大势所趋,为使教学呈现多元化特点,必须将二者完美融合,教师在当前信息更迭速度加快的时代背景下必须突出自身专业优势,应对各种不同写作标准,不断提升自身教学技术,丰富教学经验,熟练掌握教材内容的同时进行延伸,分析重难点,充分发挥互联网技术的优势。

总之,英语写作作为应用性课程,其主要目标是提升学生的写作能力。因此,需要在教学中提供丰富的素材,创新教育方式,调动学生的写作兴趣。在线教育的应用能够使课堂教学更加新颖,为学生提供充足的思考、想象空间,可以使学生接受系统化写作训练,满足学生的个性化学习需求,提高教学质量。

三、大学英语翻译教学的创新策略

(一)翻译知识

1. 翻译的界定

任何一种翻译活动,不论从内容方面(政治、社会、科技、艺术等)还是从形式方面(口译、笔译、同声传译)都具有鲜明的符号转换和文化传播的属性。作为文化和语言的转换活动,翻译的目的是沟通思想、交换信息,进而实现人类文明成果的共享。没有翻译作为媒介,文化、传统、科技的推广就无从谈起,所以翻译是人类社会共同进步的加速器。

从文化的角度来说,文化具有动态的特点,由于经济的发展、科技的进步,文化也随之发生改变。例如,互联网和电子媒体技术的发展,带来了网络文化的繁荣,才有了今天的各式各样网络语言和网络文化的产生。对翻译活动的参与者而言,应随时掌握文化的动态,既要了解世界文化,又要及时跟进掌握母语文化。所以,所有翻译从业人员应该对政治、科技、经济、社会和时事等保持足够的兴趣,随时了解最新信息,从而在翻译实践中做到游刃有余。

翻译的标准有很多,但基本的共识是要达到"信、达、雅"这三个标准。"信"即对原文的忠实,翻译是不可以随意发挥和篡改原作者的语义和情感的。"达"是指翻译的内容要使读者或听者充分准确地理解,令人迷惑不解的译文是不合格的。"雅"是指语言的优美,能让人产生美感。当然"雅"应该是建立在"信"和"达"的基础之上的,没有对原文含义的"信"和表达的通顺,"雅"就没有任何意义。

翻译中的口译具有即时性的特点,译者往往没有充足的时间做准备,要根据现场情况及时、准确地理解和传达,因此译者需拥有更加强大的心理素质和更加广博的知识。另外,也有一些对译员心理和生理条件的要求。比如,比较胆怯的或者有先天性语病的(口吃、发音障碍等)人就不适合从事口译工作。笔译的从业者则要从不同的方面来考虑。

笔译首先要求翻译内容更加准确和优美,为此,译员应该做好充分的准备,包括对原文作者的了解,对材料背景和相关专业知识的学习和准备。只有做足了功课,才能确保对原文语义的准确理解。表达是笔译的第二步,当然表达的准确程度依赖对原文的理解程度。最后还要对翻译的内容进行校对,确保没有笔误,不遗失信息。

翻译的方法可以简单分成意译和直译。意译指的是译者只忠实于原文的语义,而不拘泥于原文的表现形式。因为中外文化的巨大差异,很多词语和表达法在另一种语言中完全不存在,或部分存在,这样就要求译者对原文语义有更加全局性的把握,从而在不改变基本语义的情况下对表达方式进行适当的调整。而直译法则既能保持原文的语义,又能保持原文的形式,包括原文的修辞手段和基本结构,从而既表达了语义,又保留了原汁原味的异国情调。在具体翻译实践中,不能僵硬地保持意译或直译的风格,采用哪种方式一定是视情况而定的,取决于原文的特点。在绝大多数情况下,需要将两种翻译方式结合起来。

2. 翻译技巧

(1)长定语的翻译

英语的长定语包括从句、独立结构等,它与汉语的定语在位置、使用方式、使用频率方面有所不同,所以长定语的翻译一直是我们英语学习中的难点。整个大学英语语法大都围绕定语从句和长定语展开。我们学习英语,不可避免地会以母语作为参照,因此英语学习的过程就是摆脱母语干扰的过程。在翻译比较复杂的语言文字时,大脑需在两个语言频道间频繁转换,由于对母语本就依赖,此时大脑更容易受母语影响,而长定语翻译的困难之处正在于此。

在翻译实践中,根据原句的特点和句子长短,可尝试运用两种翻译技巧:

①原句较短,可译成标准的汉语定语句式。例如:

Besides coffee industry, there are many other fields in which Uganda and China can cooperate.

除咖啡产业外,乌中之间在很多其他领域都可开展合作。

②原句较长,可将定语从句拆开单译。例如:

After years of economic reform, this country has achieved macro-economic stability characterized by low inflation, stable exchange rates and consistently high economic growth.

经过数年经济改革,这个国家实现了宏观经济的稳定,其特点为低通胀、汇率稳定和持续高速的经济增长。

因为在即时口译翻译中,时间有限,若译成较长的句子,容易产生口误或错误,导致听者理解困难。汉译英时更要注意长定语的翻译,毕竟我们对英语的使用不如汉语熟练,如果在长句翻译中稍有语法错误就会影响翻译质量。英文母语使用者第一追求是意思清晰明了,而不是句式和用词的复杂华丽。

(2)无主句的翻译

无主句是汉语使用中常出现的情况。例如:

医院将提升学术水平作为重中之重,实施科研精品战略,以立足长远、收缩战线、调整布局、突出重点、加强协作、结合医疗为方针,加强学科建设、重点实验室和科研队伍建设,先后培养出5个国家重点学科,18个省重点学科,8个卫生部重点实验室,为获取重大科研课题和重大科研成果奠定了基础。

在这样一个长句中只有开头一个主语。翻译中如果也这样设计句子结构,就会产生非常混乱的感觉。建议具体翻译方案如下:

添加主语:The hospital prioritizes the upgrading of academic capacity and establishment of key disciplines. It practices the "Strategy of Premium Research". It holds on to the Long-term based, concentrated, restructured and concerted guideline which combines with medical service.

被动语态:Key disciplines and key labs are emphasized in the process which resulted in the establishment of 5 national level disciplines, 18 provincial ones and 8 labs of ministerial importance.

在书面和非常正式的场合可用从句:That premium research is practiced as a strategy, that the guideline of long-term, concentrated, prioritized development are emphasized.

(3)替代词的使用

在我们阅读翻译作品时,常感文字表述不顺,很重要的一个原因是,英文替代词的使用要远多于汉语。其中包括代词、名词、助动词、系动词

等。此时,我们应该注意依照目标语言的使用习惯进行转译。例如:

沈阳是个以制造业为经济基础的城市……沈阳还是个有着上千年历史的古城。

Shenyang is a manufacturing based industrial city …… it is also a thousand years old ancient city.

I prefer cars made in Germany to those made in Japan.

译文:相比日本汽车,我更喜欢德国车。

另一种替代是用可表示其特点的名词替代。例如:

Both China and the United States are great countries in the world and their partnership will be contributive to world peace and development. The greatest development country and the greatest developing country will certainly play leverage in world affairs.

中美两个大国及其伙伴关系会对世界和平和发展做出巨大贡献,两国在世界事务中将起到举足轻重的作用。

注:英文表述中分别用表示各自特点的名词 the greatest developed country 和 the greatest developing country 替代各自的名称。这样的情况在英文中比比皆是。如提及中国时可用 the fastest growing economy; the most populous country in the world; the ancient oriental civilization 等。提到美国时可用 the most advance economy; the only superpower 等。

(4)三段式翻译

中文表述中常出现多谓语情况。例如:

大连地处辽东半岛南端,风光美丽宜人,是东北乃至东北亚地区重要的海港城市。

这种情况下,建议将次要谓语译为独立结构,另两个谓语译为双谓语句子。翻译如下:

Situated on the south tip of Liaodong Peninsula, Dalian is a city of pleasantry and a harbor city of regional importance in Northeast China, even in Northeast Asia.

(5)插入语

英文会使用很多插入语,跟汉语相比这是较为独特的现象,在翻译中应该注意句子成分位置的变化,以达到更加地道的语言表达效果。例如:

Another impediment to archeological research，one of worldwide concern，was the increasing resistance to excavation of the remains of indigenous inhabitants.

令世界关注的另一个对考古研究的阻碍是人们对当地居民遗产的发掘的抵制。

Zookeepers know，to their despair，that many species of animals will not bread with just any other animal of their species.

令他们失望的是，动物饲养员知道很多动物并不随意与同类交配。

（6）句子成分转换

一些经验不足的译者往往进行字对字的翻译，经常费力不讨好，且译出的语言文字显得不伦不类，有时甚至令人费解。实际上翻译是一个思想传递的过程，而非一味追求语言的绝对忠实。例如：

装备制造业是国家工业化、现代化的标志，也是国民经济的基础，是一个国家竞争力的体现。

Capacity of Equipment manufacturing indicates industrialization and modernization，underlies national economy and backs up national competitiveness.

上例中，将原文的宾语译成了谓语。

（7）填词、省略法

在翻译过程中，原则上不能随意加词，但为更好地表达，以便读者或听者更好地理解，翻译时也可添加词，前提是虽原文中未提及，但明显隐含其意。例如：

Without your help，my trip to China wouldn't have been such a pleasant one.

如果没有你的帮助，我的中国之行不会如此愉快。

有添就有略，两者都是由文化差异、语言习惯造成的。如果不进行必要的处理，自然无法达到最佳翻译效果。例如：

会议讨论了环保问题。

译文：Meeting discussed environmental protection.

上例中省略了"问题"。

（二）基于移动网络的大学英语翻译教学创新的策略

1.利用多媒体展开翻译课堂教学

在进行翻译教学之前，教师可以利用声音、图片、动画等教学辅助手段来激发学生的学习兴趣，使学生在学习过程中始终保持较好的兴趣，将枯燥的翻译理论变得生动、有趣。针对具体的教学过程，教师在其中不仅要教给学生英汉互译的技巧，而且还需要补充中西方文化背景知识，让学生对翻译理论形成一定的认识。

2.注重文化对比分析

语言的语意和语境会因为地区的历史文化不同、地域文化差别而发生变化，如果对相关的文化背景不了解，在理解单词或者语段含义上就容易出现错误。历史文化是民族或者国家经历长期的历史发展而形成的，民族和国家的发展历史不同，文明境遇存在差异，这也会导致语言背后的文化存在差异。例如，在歌曲 Viva La Vida 中，One minute I held the key 一句中的 key 一般是指"钥匙"，而词组 hold the key 有"掌握关键"的含义，结合歌曲的创作目的是描述法国国王路易十六的一生，这句歌词通常被翻译为"我曾经手握大权"，但考虑到历史上的路易十六本身是一名将制作锁具当作爱好的国君，此处的 key 显然就是指"钥匙"这一本意，是对路易十六爱好的描述，而非对"政权"或者"权柄"的暗喻。这种翻译的失误就是因为历史文化的差异，让翻译者对词句的理解出错，最终造成了翻译错误。不同的国家与民族都有自己的特殊历史环境，这些特殊历史环境又催生了独具特色的文化现象和历史典故，如果不能正确理解这些典故，那么翻译就无法诠释语言背后的历史含义，甚至可能造成对词义本身的错误理解。

另一种地域文化是基于地域环境和自然条件所形成的文化见解，因为生活环境和自然生态的差异，即使在相同事物上，各民族或者国家的群众也会有不同的见解，这种见解上的差异便是由地域文化造成的文化差异。例如，我国一般将"东风"理解为"春日之风"，在中文语境下"东风"一般象征着万物的复苏和生机的焕发，如"江南二月春，东风转绿苹""东风驱冻去，万品破阳辉"，这些诗句中的东风象征着新生。而在英国等国家，由于地域和气候环境的不同，这些国家的语境中"东风"一般指代冰冷的风,在作品中象征着肃杀和凄凉,如狄更斯的作品就写过 How many winter days have I seen him standing blue-nosed in the snow and east wind,此处的 east wind 显然并非和中文语境中的东风一样象征希望和新生,而是对冬日凄冷环境的描绘和映衬。不同的历史和地域造成了不同语言的文化差异,在英语翻译中,翻译者只有理解和重视这层差异,才能准确传达出语句的含义,完成文化上的交流。

第四节　基于移动网络的大学英语跨文化交际教学

一、文化知识

"文化"（culture）一词有多种意义。例如,人们认为那些能读会写的人,那些懂得艺术、音乐和文学的人是"文化人"。不同人对文化的理解有不同方式,每一种方式都或多或少有助于我们理解某个过程、事件或关系。遇到陌生人时,第一个被问的问题通常是:"你来自哪里？"这主要是想了解这个人长大的地方或者是想知道这个人之前住在什么地方。我们下意识地认为在同一地方长大或生活的人说同样的语言,有很多相同的价值观,用相似的方式交流,换句话说,他们被认为具有相同的文化背景。有时我们甚至会认为文化是商品或产品,如玩具、食品、电影、视频和音乐,并且可以在国际上自由进出口。这些对"文化"印象式的理解不一而足。

（一）文化的概念

自从进入近代研究视野,"文化"这一概念在中外学术界不同学科领域曾出现上百种甚至更多的定义。美国描写语言学家爱德华·萨丕尔（Edward Sapir,1921）定义文化为一个社会的行为和思想。理查德·本尼迪克特（Richard Benedict,1930）认为真正把人们凝聚在一起的是他们的文化、共同的思想和标准。此外,科尔斯（R. Kohls,1979）认为文化是指特定人群的总体生活方式。它包括一群人想的、说的、做的和制造的一切。文化学家罗伯逊(I. Robertson, 1981)的观点是每个社会的文化都是独特的,包含了其他社会所没有的规范和价值观的组合。荷兰学者吉尔特·霍夫斯塔德(G. Hofstede)在 2001 年提到:"我认为文化是将一个群体或一类人与另一个群体或一类人区分开来的思想上的集体程序。'思想'代表了头、心和手。也就是说,它代表了思考、感觉和行动,以及对信念、态度和技能的影响。"

文化定义的多元化说明文化确实是一个庞大且不易把握的概念,虽然各有侧重,这些解读和界定都解释了文化的一个或几个层面。

(二)文化的分类

由于文化的多样性和复杂性,很难给文化下一个明确清晰的定义,对文化的分类也是众说纷纭、不尽相同。我们从侧面来看文化的分类,文化也可以理解为满足人类需求的一种特殊方式。所有人都有一定的基本需求,比如每个人都需要吃饭和交朋友等。心理学家亚伯拉罕·马斯洛(Abraham Maslow, 1908—1970)认为,人都有五种基本需求:

第一,生理需求。这是我们赖以生存的基本需求,包括食物、水、空气、休息、衣服、住所以及一切维持生命所必需的东西,这些需求是第一位的。我们必须满足这些需求,否则我们就会死掉。

第二,安全需求。首先,我们得活下去,然后我们得保证安全。安全需求有两种,身体安全的需求和心理安全的需求,这就是为什么现在各种保险项目越来越受欢迎。

第三,归属感需求。一旦我们活着并且安全了,我们就会尝试去满足我们的社交需求。与他人在一起并被他人接受的需求,以及属于一个或多个群体的需求,例如,对陪伴的需要和对爱和情感的需要是普遍的。

第四,尊重需求。这些是对认可、尊重和声誉的需求,包括自尊,以及对他人的尊重。

第五,自我实现的需求。人的最高需要是实现自我,充分发挥自己的潜力,成为自己可能成为的人。很少有人能完全满足这种需求,部分原因是我们忙于满足较低层次的需求。

根据马斯洛的理论,人们按上述的顺序满足这些需求。如果把这些需求从低到高比作金字塔的话,人们在攀登金字塔时总是先翻过第一步才能爬上第二步,通过第二层才能到达第三层,以此类推。尽管人类的基本需求是相同的,但世界各地的人们满足这些需求的方式各不相同。每种文化都提供了许多满足人类特定需求的选择。

人类需求包含五个层次,文化的分类在一定程度上也契合这几个层次。另一个形象的类比是将文化比为冰山,认为每种不同的文化就像一个独立的巨大冰山,可以分为两部分:水平面以上的文化和水平面以下的文化。水平面以上的文化仅占整体文化的小部分,约十分之一,但它更可见,有形且易于随时间变化,因此更容易被人们注意到。水平面以下的文化是无形的,并且难以随时间变化。它占了整个文化的大部分,约十分之九,但要吸引人们的注意力并不容易。水平面以上的文化部分主要是实物及人们的显现行为,如食物、衣着、节日、面部表情等,也包含文学作品、音乐、舞蹈等艺术的外在表现形式。水平面以下的文化包含信念、价值观、思维模式、规范与态度等,是构成人的行为的主体。尽管看不到水平面以下的部分,但它完全支撑水平面以上的部分,并影响了整个人类的各个方面。

二、大学英语文化教学的现状

(一)课程内容结合不紧密

中国元素与英语课程的紧密结合有着极强的必要性。而目前英语课程虽然已开始逐渐融入相应的中国元素,在进行课程讲解的素材选择时也会涉及一些与中国文化有关的具体内容,但是很多时候与实际的课程内容结合并不紧密,在进行中国文化与他国文化的内容对比时,很难具体落实到点,并进行鲜明的对比,让学生能够清晰明确中华文化和其他国家文化的异同,对我国文化的优秀部分彰显不够明确,这会使学生没有办法对我国文化的核心内容有充分的理解,也会导致学生在英语课程学习的过程中出现知识点混淆或相关知识体系构建不够清晰的情况。

(二)学生课堂参与度不足

学生在课堂当中的实际表现对整体的课堂质量也将造成一定程度

的影响。英语课程传统的教育模式可以从一定程度上强制带动学生进行学习,而在中国元素引入的过程当中,学生在学习过程中所出现的精力不集中等情况将十分严重地影响整体课堂氛围,学生的课堂参与度会稍显不足。

（三）教学设计缺乏合理性

全新的教学要求和理念在英语课程当中得以践行与实施,需要一段时间的探索与尝试,中国元素与英语课程的融合在很早之前就已经有过相关尝试,更多是采用阅读素材选择和文化比对来进行相关内容的讲解,而在实际教学过程当中,难免会出现学科知识交叉的情况,而教师在此时应当合理把控教学的学科交叉程度,避免在教学过程当中脱离主题,而很多教师在进行教学设计时,整体的内容缺乏合理性,学生会花太多时间去掌握核心知识内容之外的相关概念,而忽略了本身知识体系的构建,导致学生在对部分内容加以了解的同时,忽略了对英语本身知识技能的学习。

三、基于移动网络的大学英语文化教学创新的策略

（一）设计文化主题活动,引导学生在文化熏陶中探究思考

在新的形势下,教师应该勇于尝试新的教学模式,真正落实"以学生为中心",发挥学生的主观能动性。英语教师应该挣脱教材的束缚,善于借助各种线上资源,突破时空的限制,根据学生的年龄与特点巧妙地运用各种教学方式丰富学习环境,大力开展各种文化主题活动,创设真实的文化交际环境,使学生沉浸式地在模拟的教学情境中感受与探索。

（二）第一课堂与第二课堂有机结合,积极开展文化实践活动

大学英语教学的课堂是第一课堂,是学生接收语言知识,训练语言技能的基础,也是教师培养学生跨文化意识和交际能力,传授中华优秀传统文化的主要阵地。而各种文化实践活动、特色选修课、慕课平台则

为第二英语课堂,可以进一步加深学生对中华优秀传统文化的理解,拓宽学生的视野。在第一课堂中,教师应积极准备授课内容,加强文化知识与语言知识的结合,而不是单纯地输入文化内容。另外,教师可以积极引导学生进行中西方文化的对比,培养学生的辩证思维,尊重文化的差异。例如,教师可以设置教学情境,让学生从字词句、对话、语篇中发现文化差异,学生也可以分析、讨论、辩论文化差异。鼓励学生积极开展交流活动,自己搜集相关资料,深入讨论文化内涵,辩证看待文化差异,既可以加深对本国文化的理解,也可以学习优秀的外国文化。高校的英语教学不仅要在课堂上积极融入文化元素,课后也要积极开展各种实践活动等。将第一课堂与第二课堂相结合,可以尝试改变传统教学模式,提升学生的学习兴趣。

第四章

基于移动网络的大学英语教学创新模式

在移动网络背景下,大学英语教学模式需要与时俱进,积极创新,引入新的教学模式,跟上社会发展的步伐。当前,随着网络技术的飞速发展,随之出现了很多新型的教学模式,如多模态教学、慕课教学、微课教学、翻转课堂教学、混合式教学、云端教学等,大学英语教师需要对这些新型的教学模式进行学习,进而充分运用在教学过程中。本章重点对移动网络下大学英语教学模式的创新展开深入分析与探讨。

第一节　大学英语教学智慧课堂的构建

一、大学英语智慧课堂

"互联网+"教育创造了多种教育手段,其中智慧课堂就是一种重要模式。智慧课堂依靠智能化技术,发挥教师与学生的智慧,对传统课堂教学模式加以优化。智慧课堂要求以智慧教学环境作为支撑,智慧教学环境包括智慧校园网、学习资源平台,核心在于通过网络或者移动终端,接入学习内容,展示学习活动,更新与共享学习内容等。智慧教学环境可以实现真实情境的创建,实现学习协作,还可以分享个性化的学习资源。具体来说,大学智慧课堂教学的设计框架如图4-1所示。

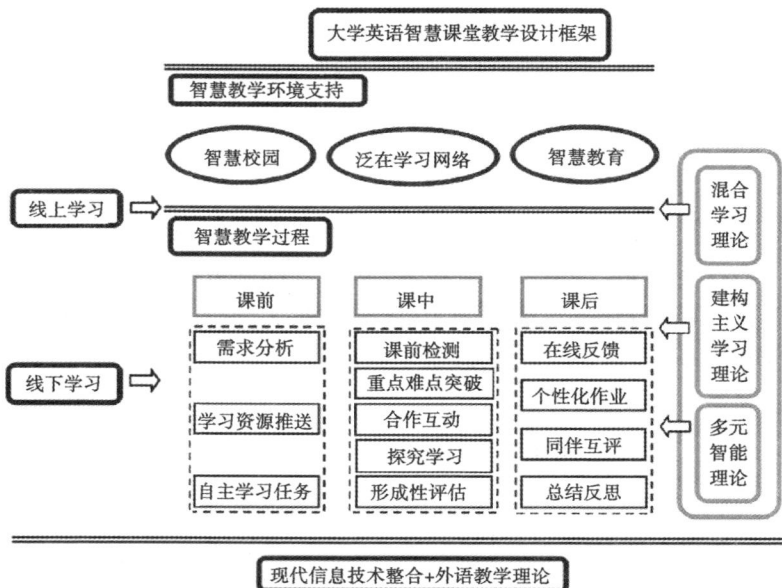

图 4-1　大学智慧课堂教学框架图

（资料来源：厉建娟,2018）

（一）课前学习阶段

在课堂教学开始之前，教师可以通过网络问卷、测评等，对学生的学习需求加以了解，从学生的学习需求出发为学生提供学习资源，制定学习任务。智慧的学习不仅包括习得知识、获得技能，还包括提升学生的思维与文化素养。例如，运用移动终端APP，如流利说等进行听说训练。利用喜马拉雅在线听等可以进行文化学习。对于学生的雅思、托福考试，推荐学生使用一些网络学习平台进行有计划的学习。

（二）课堂学习阶段

在课堂教学进行中，要求发挥教师的智慧，运用先进科技，让学生主动探究。在课前检测阶段，可以通过在线测评对学生的学习情况进行评估，从而确定教学的重点、难点。教师可以运用网络平台发布一些探究学习任务，如从影视人物的对话中分析中西思维差异等。在智慧课堂中，教师可以运用在线网络和移动终端对学生进行形成性评估。这是通过对学生学习过程的观察与记录，对学生的学习效果进行监测，激发学生的学习动机。

（三）课后学习阶段

首先，在课堂结束之后，教师需要评价学生的学习成果。基于网络学习平台中设置的"学习记录"模块，对学生的学习情况加以记录。

其次，在评价的基础上展开个性化反馈，为学生布置个性化的作业，如果学生在学习中遇到问题，教师可以进行针对性的辅导。

二、大学英语智慧云端网络教学

（一）大学英语智慧云端课堂现状研究

1. 学生不在状态

云端课堂的开设能够让身处异地的教师与学生展开实时互动。但与此同时也就意味着学生已经离开了熟悉的班级、教师，转移到了一个有网络、有电子设备的舒适场所中。在这种相对安逸的条件下其失去了班级合作竞争氛围下的求胜欲，这时候的他们略显散漫、不愿听讲，身边随处可见的小零食、舒适的床和温暖的被窝在逐步侵蚀他们学习的激情。当学生在一节云端课程中意识到教师并不能做到百分百监管、不用刻意做出好学的样子也没事时，他们便会变本加厉直至被懒惰所腐蚀。在云端课堂中，由于要保障通话的流畅度，教师往往不会要求学生打开摄像头，这样一来学生在教室中的紧张感、压迫感荡然无存，自认为无人监管的他们容易开小差、做小动作，有些甚至直接浏览其他网页或打游戏，这并不是英语教师想看到的状态。

2. 家长对英语工作不重视

"孩子在学校归你管，回家之后归我管，我们各管各的"，当教师找家长反映学生情况的时候，难免有些比较极端的家长会认为教师和家长对学生的教育是"各司其职""互不干扰"。这种想法割裂了家校共育中家长和教师之间的重要关系。其实，学生的健康成长是离不开家庭教育和学校教育的，两者是互补和成全的关系，而不是割裂、分开的状态。英语作为家校共育的重要组成部分，需要学生—教师—家长三方手牵手、肩并肩，统一方向，共同努力，协同发展，这样才是促进学生全面发展最好的做法。

（二）打造大学英语智慧云端课堂的有效策略

1.改变云端课堂的现有模式

如在课前我们可以提前设置问题并将其呈现在微课之中，让学生自行思考，与此同时还可以借助 QQ、微信等软件的优势功能，将同一小组的学生拉入同一讨论组中，在组群内着重强调微课内容、展示具体问题，让小组同学通过打字聊天、语音消息、语音通话、视频通话的方式进行无障碍沟通，得出最终结论，并做好论述材料准备。

此时，教师可以让每个小组以自荐、推荐的方式选出一位代表，在云端课堂开课后，每个小组的代表要以麦序发言的方式与他人分享自己的探究成果。这种云端课堂＋微课的模式有诸多好处，一方面教师可以通过查看聊天记录、加入视频聊天等方式及时了解学生的合作动态，对其探究方向进行及时把控；另一方面是能给予学生充足的发挥空间，在锻炼其观察力、表达力、思维力的同时培养其论证能力，并唤醒学生的拼搏精神与求胜欲，给学生提供展示的舞台与机会，在提高授课效率的同时保障教学质量。

2.与家长形成高度共识

首先，教师可通过现代化沟通手段，与家长进行深入交流，在肯定家长对学生成长的重要促进作用的同时，要明确云端课堂具体运用过程中所可能出现的负面影响，让家长意识到英语的重要性，认识到云端课堂中自控力较差的学生需要监督与陪伴，以促膝长谈的方式统一思想战线。其次，教师要建立健全长效沟通机制，时刻与家长保持联系，利用现有家长群等，在上课前提前发布课程相关的重点信息，引导家长运用正确的方式与学生一起学习相关知识，对其学习进度、学习状态等进行有效把控。最后，教师要在平等、尊重的基础上肯定家长的教育思想，根据家长所提出的意见或建议设计贴合课程内容、具有教育意义的亲子活动。一方面能在收获快乐亲子时光的同时有效拉近亲子距离；另一方面能改善教师与家长之间的关系，有助于达成教育共识，最关键的还是能通过与云端课堂的相互结合达到以理论促实践的效果，提高学生的综合运用能力。

第二节　大学英语多模态教学模式的应用

一、多模态教学的内涵

在多模态话语分析理论的基础上，New London Group 提出了多模态教学方法，其包含多个层面，如声音、图像、视觉等。根据这一理论，语言的输入与输出都会受到多种符号模态的影响，因此在英语教学中，可以将多种符号模态加以融合，并考虑图像、音乐等形式，丰富英语课堂教学，将学生的兴趣激发出来。

教师采用多模态教学，可以结合网络手段，为学生创设各种情境，这样学生才能在学习中体会到快乐，提升语言技能。

二、多模态教学的原则

（一）坚持"学生中心"这一核心原则

在大学英语多模态教学中，"学生中心"是最为核心的原则。所谓"学生中心"，即做到以学生为中心，发挥学生的主体性与能动性。在大学英语多模态教学中，学生是学习的主体。要想实现"教学相长"，就必须将学生作为中心来促进教师的教学，让教师对学生的学习进行指导。在教学的内容上，教师需要将学生的积极性与主动性调动起来，学生可以根据自身能力、自身认知等层面的具体情况，结合教师的指导，对自己的学习策略进行调控，从而与教师的教授形成良性的互动。

（二）建立以对话为主的格局

教师与学生之间的对话是基于网络时代建构起来的，大学英语多模态教学模式要建立在以对话为主的格局之下，这是其内核。具体来说，教师教学的效率、学生学习的能力、学生国际素养的培养,都与学生和教师之间的良性对话有着密切的关系。发挥网络资源优势,为学生设计与他们相符合的互动活动,引导学生展开多元层次的互动,构建传统教学与网络教学结合的新型模式,是教师值得关注的方面。当前,最关键的在于不断更新与变革教师的教学理念,如果不重视这一点,那么无疑就是"穿新鞋,走老路"。

三、大学英语多模态教学的意义

(一)改善学生的英语学习模式

首先,从多模态表现形式的需求出发,大学英语多模态教学往往采用不同的教学手段对教学形式加以丰富,避免英语教学过于单调。这样的方式可以将学生的学习积极性调动起来,通过参与各项活动,学生的英语学习也变得更为主动,便于学生形成自主学习的意识。

其次,大学英语多模态教学能够对传统单一的模态教学的不足进行弥补,从教学目标、教学内容出发,采用不同的教学方法,用直观的方式让学生主动、积极地参与其中,提升他们对语言的使用效率,进而提升学生的综合运用能力。

(二)提升英语教学的质量和水平

大学英语多模态教学是将多种模态结合起来展开教学,将学生的各个感官调动起来,让学生对学习内容有清楚的理解,在相同的时间内,运用多个感官要远远比运用单一的感官更容易理解与记忆。这在一定程度上大幅提升了教学的效率和质量。

四、大学英语多模态教学的应用策略

(一)充分发挥多媒体资源的优势

在大学英语教学中引入多媒体技术,是大学英语教学的一种变革手

段。多模态教学强调调动学生的多项感官,从而满足大学英语教学的要求。多媒体课件正是这样一种实现手段,其将文字、音频、视频等集合起来,便于调动学生的多种感官。当然,教师在制作多媒体课件的时候,需要进行多种准备,需要考虑不同的教学任务,对各种资料进行搜集。

(二)建构大学英语多模态网络空间

随着网络技术不断的进步,大数据技术也不断革新,我们的校园网、校园论坛更加丰富,也被逐渐应用到教学中。所谓网络空间教学,即教师通过网络平台与学生展开交流与互动。他们可以在网络上进行实名认证,从而便于展开交流。

当进行英语网络空间教学之后,教师与学生可以突破时间、地点的限制,可以在线进行问答,展开互动,这样不仅便于教师了解学生的学习情况,也能增进彼此之间的关系。

通过网络空间,教师也可以对学生的作业进行批改。学生按照固定的时间提交自己的作业,然后教师进行批改与反馈,这不仅可以节约用纸,还可以让师生进行互动。

需要指明的是,要想发挥出网络空间的作用,首先必须让学生积极参与其中,学生需要登录上去完成学习任务和作业,教师要实时进行分析和阅读,从而评估学生的学习情况。

第三节 大学英语翻转课堂教学模式的实施

一、翻转课堂教学的内涵

当前,出现最早的翻转课堂模型是图 4-2 所示的由罗伯特·塔尔伯特(Robert Talbert)教授提出的模型。

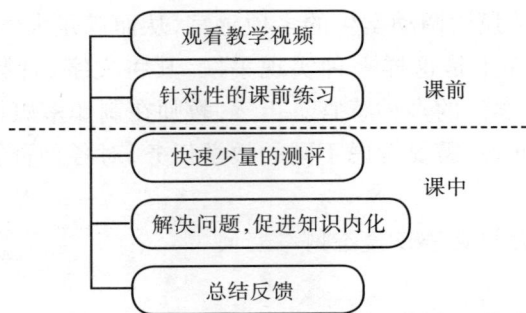

图 4-2　罗伯特·塔尔伯特的翻转课堂教学结构图

（资料来源：孙慧敏、李晓文，2018）

　　这一模型为后续学者、专家进行教学模式的探索提供了基本思路。那么，到底什么是翻转课堂教学模式呢？有人将其定义为一种再现课程，也有人将其定义为传统课堂顺序的颠倒，并未实质进行变动。但是，这两种观点都不准确。实际上，翻转课堂的核心在于教学视频，但是教师在其中也仍旧发挥重要的作用，因此不能将翻转课堂定义为一种再现课程。在传统的课堂中，教师充当知识的灌输者，但是翻转课堂是将知识传授予以提前，而将课后需要练习的内容转移到课堂之中，学生与教师、同学在课堂上可以进行探讨。这种颠倒实际上是为了让学生对知识进行内化，这才是翻转课堂的内涵所在。

二、翻转课堂教学的理论

（一）掌握学习理论

　　所谓掌握学习，即学生在自身拥有足够的时间与具备最佳的学习条件的前提下，掌握学习材料的一种手段。这一理论是由卡罗尔提出的，他认为，学生的学习进度有的比较快，有的却很慢，但是只要为他们充足的时间，那么他们都会学会的。之后，布鲁姆（B.S.Bloom）在卡罗尔的理论的基础上，提出了"掌握学习"教学法[①]，这一理论对后期的教学

---

① 布鲁姆等著，邱渊等译.教育评价[M].上海：华东师范大学出版社，1987：71-98.

模式改革提供了帮助。在布鲁姆看来,掌握学习的核心在于学生之所以未取得好成绩,并不是他们的智力不够,而是因为他们的时间不足。因此,只要给予他们充足的时间,那么他们的智力就会被激发出来,就会完成学业。

（二）学习金字塔理论

美国学者埃德加·戴尔（Edgar Dale, 1946）率先提出"学习金字塔（Cone of Learning）"理论,它用数字形式形象显示了学生采用不同的学习方式在两周以后还能记住的内容多少（平均学习保持率）,如图4-3所示。[①]

由图4-3可以看出,学习方法不同,学习效果也必然不同。并且通过分析可知,其能够揭示出传统灌输学习与现代体验式学习是如何影响学生学习的,也能够为学生提供提升学习效率的路径。

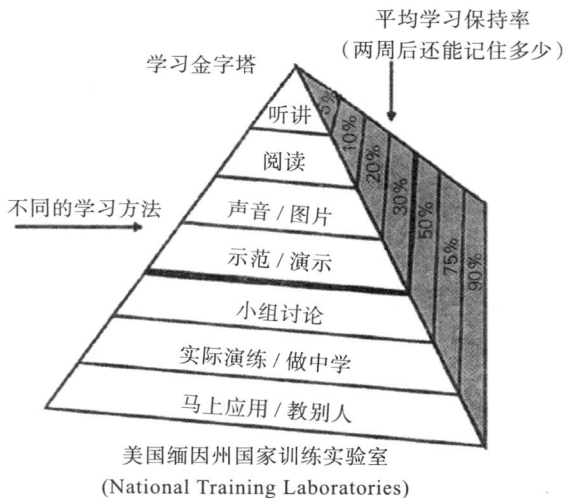

图 4-3　学习金字塔理论

（资料来源: 孙慧敏、李晓文, 2018）

---

① Edgar Dale. *Audio-Visual Methods in Teaching*[M].New York: The Dryden Press, 1954: 16.

三、大学英语翻转课堂教学的意义

（一）真正实现了以学生为中心

翻转课堂教学模式是对传统教学场所、教学时间等的变革。通过这一教学模式，教师将讲授的媒介转向视频，学生通过自学来获取知识。教师可以通过 Facebook，Twiter 等为学生提供资料，学生可以在网上对这些资料进行获取，从而主动进行学习。而课堂成了学生与教师交流的场所，从而激发学生探究学习、协作学习的积极性。

（二）让学生的英语学习更为自主

翻转课堂教学的课前学习部分以及课堂的任务活动部分，都需要学生参与其中，这不仅仅是让学生对学习负责任，还是让学生认识到只有通过学习，才能够与教师或者其他学生展开探究。这时候，学生从被动的学习转向主动的学习，从而培养他们的自主学习意识。

四、大学英语跨文化交际教学中翻转课堂的实施策略

（一）设计英语教学过程

美国创新学习研究所（ Innovative Learning Institute，ILI ）提出了翻转课堂设计流程。ILI 认为，翻转课堂的设计过程主要包括如下几个层面。

第一，对课外学习目标进行确定。

第二，选择翻转课堂的具体内容。

第三，选择翻转课堂传递的手段。

第四，准备翻转课堂教学的资源。

第五，对课内学习目标加以确立。

第六，选择翻转课堂评价的手段。

第七,设计具体的翻转课堂教学活动。

第八,辅导学生展开学习。

（二）开发英语教学资源

从广义层面来说,教学资源指的是用于教学的材料以及相关的人力、物力、设施等,能够帮助个体展开学习的任何东西。随着科技的进步,信息化教学资源呈现出来,其指的是在信息技术环境下,为了实现教学的目的而采用的各种教学资源,如人力资源、信息资源等。

随着信息化资源的不断丰富和在教学中的不断应用,人们逐渐提出了翻转课堂的教学理念,从上述翻转课堂的过程可知,要想实现翻转课堂,需要具备一些基本的教学资源,如教学视频、阶段训练与学习任务单等。

除了需要具备上述一些资源外,还需要考虑借助一些软件工具,这类资源贯穿于翻转课堂教学的全过程。这些软件的作用在于帮助教师设计教学视频,帮助师生展开协作交流,展示学生的学习成果等。

第四节　大学英语慕课与微课教学模式的构建

一、慕课教学方法

（一）慕课教学的内涵

慕课是"大规模在线开放课程"的简称。慕课指的是由参与者进行发布的课程,并且材料也可以在网络上查询到。也就是说,慕课的课程是开放的,当然慕课的课程非常宏大。简单来说,慕课的课程具有分享性,处于世界任何一个角落的人都可以进行学习与下载。慕课教学示意图如图4-4所示。

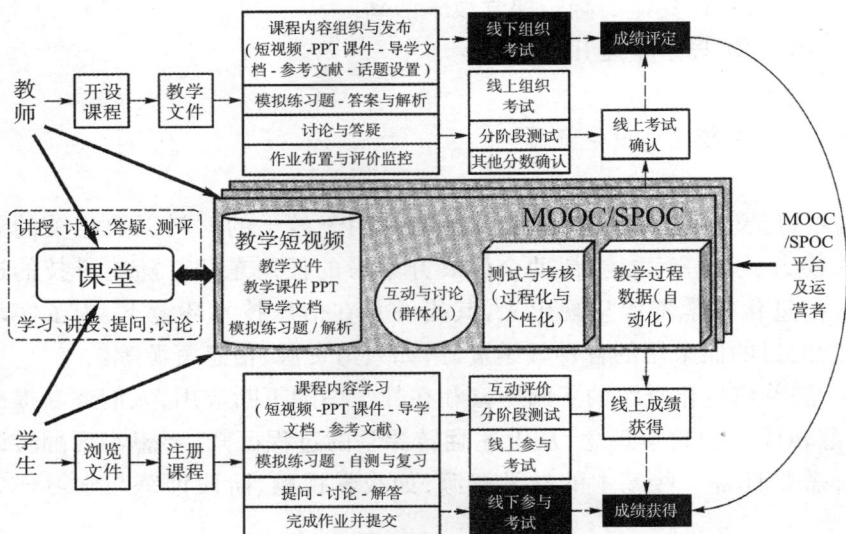

图 4-4　慕课教学示意图

（资料来源：战德臣等，2018）

慕课用 MOOC 表示，其包含如下四个层面。

M 是 Massive 的简称，指的是规模比较大。那么这个规模比较大具体指：一是人数比较多，二是资源规模比较宏大。当然，这个"大规模"也是相对来说的。

O 是 Open 的简称，即慕课课程的开放性，学生可以根据自己的兴趣选择学习课程，如果他们想学习，就可以注册、下载。即便一些课程是由某些盈利公司建设的，他们也可以进行下载。

O 是 Online 的简称，即教与学的过程是通过网络实现的，如教师的线上教授、学生的线上学习、师生之间的讨论、学生作业的完成与提交、学生作业的批改等。

C 是 Course 的简称，即课程包含主题提纲的讲授、内容的讲解、各种学习资料的上传、作业的布置、注意事项的提醒等。

慕课这门课程与传统的互联网远程课程、函授课程、辅导专线课程不同，也与网络视频公开课不同。从目前的慕课教学来说，所有的课程、教学过程、师生之间的互动等都可以在网络上实现，具有完整性与系统性。

慕课这一教学模式最早是在 2008 年出现的，但是真正流行是在

2011年,是教育的一大革新。之后,出现了很多与之相关的课程,直到2012年,由于各个大学不断推进慕课教学,因此将2012年称为"慕课元年"。

（二）慕课教学的分类

1.基于任务的慕课教学模式

这一模式具体如图4-5所示,其主要研究的是学生在任务完成之后对知识、能力的获取情况。学生可以从自身情况出发,按照一些具体的步骤进行学习,可见学生的学习具有灵活性。学生可以对一些录像、文本等进行观看,也可以共享其他学生的成果,从而完成自身的任务。

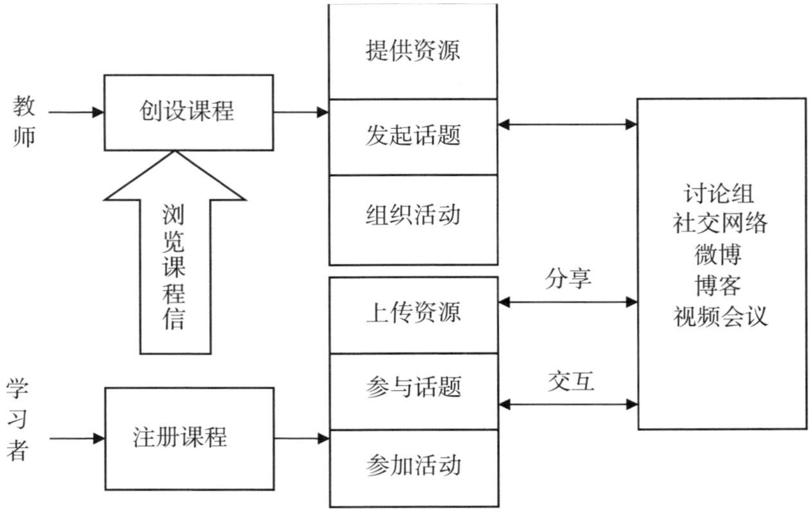

图4-5　基于任务的慕课课程设计开发模式

（资料来源：蔡先金等,2015）

2.基于内容的慕课教学模式

这一模式如图4-6所示,主要侧重于学生将内容掌握清楚,一般会采用总结性评价、形成性评价等手段来评估学生的学习成果。当前,其非常注重研究学习社区的相关内容。在这一模式中,很多名校视频也包含在内,并设置了专业的用于测试的平台,学生在这一平台可以免费进行学习,并可以取得相应的证书。

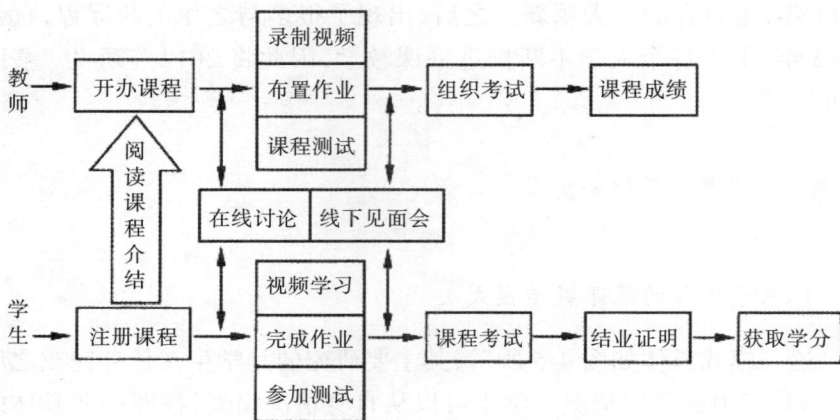

图4-6　基于内容的慕课课程设计开发模式

（资料来源：蔡先金等，2015）

综合而言，上述两大模式的特征可以总结如下：

第一，慕课课程设计以及活动组织都是建立在网络这一平台基础上的。

第二，慕课课程设计不仅包含了课程资源、课程视频等内容，还容纳了学习社区等内容。

第三，慕课课程的时间一般不会太长，控制在 8 ～ 15 分钟最佳。

第四，慕课课程设计主要考虑大众因素，因此在目标设置时也需要从多方面考虑。

第五，慕课课程设计应保证创新性和开放性。

（三）大学英语慕课教学的意义

1. 突破时空限制，转变教学模式

慕课教学突破了传统的时空限制，让学生在接受英语教育的时候，不因时间、地点等受到限制。

慕课教学模式对大学课程的设计与开发、师资发展等影响巨大，尤其明显影响教学方法与策略。因此，当前的高等教育除了要适应社会发展的趋势，还需要考虑慕课教学在我国的本土化问题。一些专家学者通过研究国外的慕课教学，建立了很多国内本土化的英语在线开放课程，这样学生不仅可以选择适合自己的课程，还能学到英语知识，提升

自身的英语水平。也就是说,英语慕课教学使教学更加优化,提升了教师的教学质量与效果。具体来说,英语慕课教学在教学层面有如下几点优势。

第一,使英语教师从传统的教学模式中解放出来,他们也将面临巨大的挑战,就是英语教师应该不断学会运用技术,为学生构建高效、多样的英语慕课课程。

第二,运用慕课教学模式,教师的需求将会减少,并且会在慕课教学中出现一些"明星"教师,每一位教师也有很多的学生"粉丝"。另外,教师的授课重点也会发生改变,尤其是明星教师提供的精品课程,这些课程必然需要有好的教材、声源等,为了给学生带来良好的视觉体验,还需要添加一些肢体表达。

2. 激发学习兴趣,使学生的学习更为自由

在慕课教学模式下,人们更多关注的是是否激发了学生的学习兴趣,是否发挥了学生的主观能动性。因此,通过慕课平台,学生的学习从繁重的课堂中解放出来,而在这种轻松的学习模式下,他们获取知识的欲望将会逐渐增加,从而变成主动获取知识。学生可以在自己设定的时间内,对知识的来源与结构进行充分的了解,将关键性知识与内容把握好,学生的学习过程不限于提出问题、寻找答案解决问题等。

另外,慕课学习环境使学生的学习是自由的,便于学生培养自身的自主学习能力。他们通过自主学习,有了大量的课外学习时间,从而不断拓宽自己的学习视野,提升自己的兴趣。

(四)大学英语教学中慕课的实施策略

1. 构建多层次的慕课课程

慕课教学模式冲击着传统的英语教学,尤其是传统英语教学模式单一的情况。从师资力量上说,传统的师资力量比较薄弱,教师资源非常有限,导致很多课程的讲授并没有针对性。但是相比之下,英语慕课教学基于学生的兴趣和积极性来设置课程,这使得学生学习英语的动力明显提升,从而不断提升他们学习的效率与质量。

2. 采用多种教学方式展开慕课教学

虽然很多学校都要求不断进行英语教学改革,但是在教授方式上还是过多倾向于知识点的讲述,即便是将多媒体手段融入其中,也多是课堂讲授的辅助手段,因此只是将传统的板书形式替换成了现在的多媒体形式。相比之下,英语慕课教学模式更为多样化,学生即便不在学校,也能够通过网络获取知识。

3. 多渠道考核学生的慕课学习情况

在慕课教学模式下,英语教学中设置了多渠道的考核手段。如果仅仅是传统的笔试考试或者论文写作,那么很难将学生的实际能力检测出来。在英语慕课教学模式下,可以进行个性化的考核,这样的考核可以将学生的积极性激发出来,从而开展下一阶段的学习。

二、微课教学方法

(一)微课教学的内涵

微课教学是指教师将微课的资源整合到日常课堂当中,根据学生的学习特点和学习进度,将微课资源与普通课堂相结合,从而实施教学的过程。

微课教学的特点主要体现在以下几个方面。

(1)内容易懂,精力专注。

(2)集中、强化教学技能。

(3)突出自身优势,彰显个性特点。

(二)微课教学的分类

1. 非常 4+1 微课资源结构模式

非常 4+1 模式主要由图 4-7 所示的五个要素构成。其中"1"代表微视频,而"4"代表围绕它的四个层面,便于构建微视频。这"4"个层面都是围绕"1"建构起来的,并且是与"1"相匹配的资源。

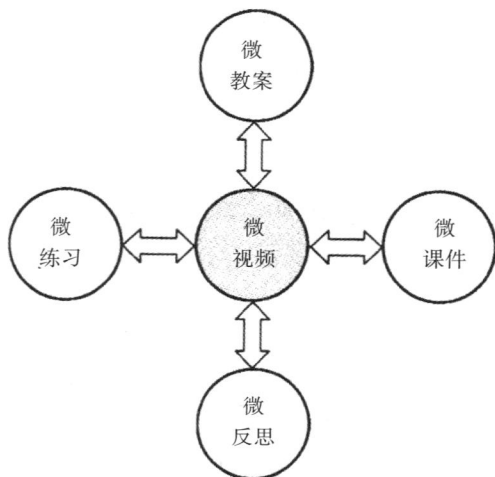

图 4-7　非常 4+1 微课资源结构模式

(资料来源:王亚盛、丛迎九,2015)

2. 可汗学院微课教学模式

可汗学院微课教学模式(图 4-8)就比较复杂了,并且具有较高的建构成本,但是适用范围还是比较广泛的。在这一模式中,教学设计者、教师、学生彼此之间是相互促进的关系,当然彼此也是独立的。这一模式主要是为了完成教学的设计。

3.111 微课内容构建模式

111 微课内容构建模式(图 4-9)主要指的是对三个"1"的把握。其中第一个"1"指的是用 1 个案例引入教学情境,从而让学生对学习的价值与意义有清楚的了解;第二个"1"指的是带出一个本节需要的知识点或者概念,从而强化对知识的理解和把握;第三个"1"指的是对其进行训练,从而实现知识的内化。

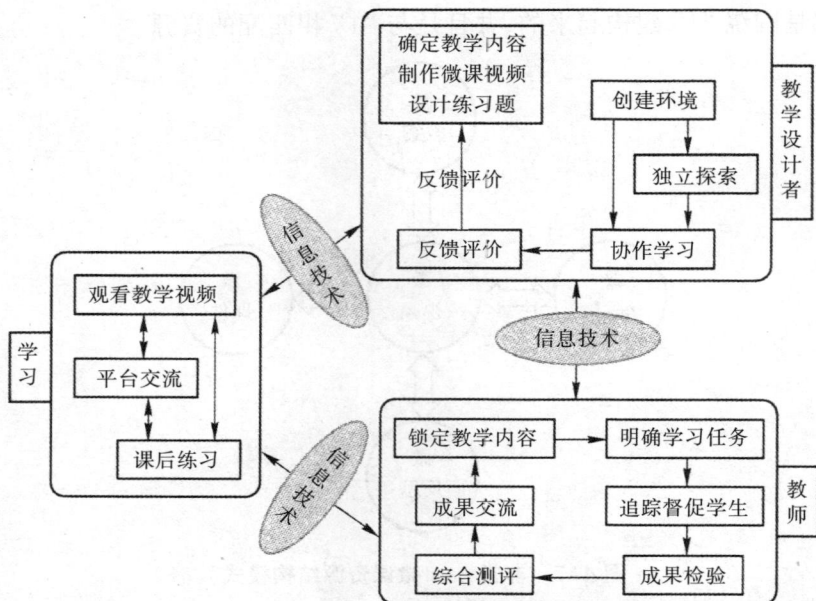

图 4-8　可汗学院微课教学模式

（资料来源：王亚盛、丛迎九，2015）

4.123 微课程教学运作模式

123 微课教学模式（图 4-10）是基于国内外大学学习情况建构起来的。其中的"1"指的是教学活动应该将微课程视作中心，并且强调短小；"2"指的是教师要设置教案，组织教学活动，一般要设置两套教案；"3"指的是根据资料展开自主学习，这里的资料主要有三组。

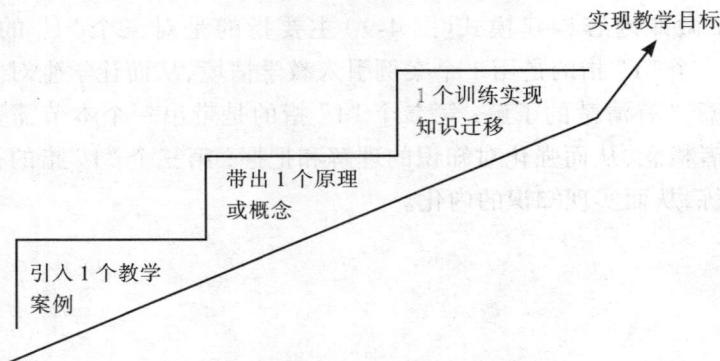

图 4-9　111 微课内容构建模式

（资料来源：王亚盛、丛迎九，2015）

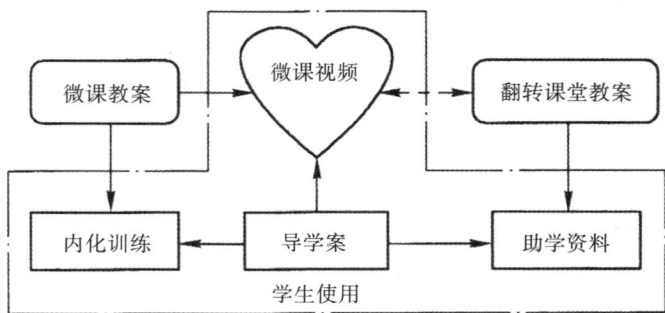

图 4-10　123 微课程教学运作模式

（资料来源：王亚盛、丛迎九，2015）

（三）大学英语微课教学的意义

1. 促进学生学习积极性的提升

大学英语微课教学中，教师用直观的教学手段清晰地展示抽象的理论知识和技能，为学生理解与掌握知识和技能提供了方便，使学生学习起来更容易一些。学生对新鲜事物总是充满好奇心，而对于大学生来说，新颖的微课教学模式是比较新鲜的事物，能激发他们的好奇心和求知欲，学生在新的教学模式下学习的积极性会得到提升，更愿意主动学习，这对提高学习效果、提升英语素养具有重要意义。

2. 使学生的个性化学习需求得到满足

大学英语微课教学为学生提供了延伸性的学习平台，学生利用这一拓展化的学习资源可以查漏补缺，完善自己的知识体系，巩固自己的运动技能。传统英语教学中，由于一节课时间比较长，学生的注意力很难始终保持高度集中的状态，学生注意力分散，无法与教师配合好，自然就会影响课堂教学的顺利进行和最终的教学效果。而在大学英语微课教学模式下，由于时间短，而且学生面对的是生动形象的教学资源，所以更容易集中注意力，更容易准确抓住知识点，还能主动思考与探索，这对促进学生视野的拓展及学习水平的提高是有好处的。

（四）大学英语教学中微课的实施策略

大学英语微课教学的组织与实施过程可分为以下三个阶段。

1. 课前准备

课前准备工作的好坏直接反映教师的内容编制水平的高低,准备阶段的工作主要包括对教学内容的选取、对教学目标的确定、对教学策略的制定、对教学顺序的安排及对教学器材的摆放等内容。选取教学内容一定要有明确的主题,对某一个或少数几个选定的问题集中进行说明,这样才能体现出大学英语教学的目的性、计划性,才能使教学目标发挥引领作用。

2. 课中教学

（1）课程导入。微课时间较短,在有限的时间内尽可能用新颖的方法引出课题,这样才能在短时间内吸引学生的注意力,使其在接下来的时间里集中精力学习。这一环节用时较少。

（2）正式进入教学活动。教学活动是主体部分,以解决一个技术问题为主线,教师的讲解要简短精练,留出让学生自主练习的时间,教师在旁边巧妙启发、积极引导。

（3）课后小结,课堂小结是对教学内容要点的归纳及整个教学过程的总结。课堂小结贵在"精",要起到画龙点睛的作用,不要做不必要的总结,以免画蛇添足。

3. 课后反思

教学探究和解决问题是课后反思的基本立足点,反思的要点有两个,即教和学,通过反思来检验目标的合理性与达成情况,根据现实问题而提出解决方案与改进建议。

第五节　大学英语混合式教学模式的探索

一、混合式教学方法

（一）混合式教学的内涵

混合式教学是教学信息化发展的产物，它体现出信息技术从教学辅助向与教学深度融合的发展轨迹。信息技术应用于教育教学最早始于计算机辅助教学（Computer Assisted Instruction，CAI），并且衍生出了计算机辅助学习（Computer Assisted Learning，CAL）、计算机辅助训练（Computer Assisted Training，CAT）等概念，直到之后信息化时代的网络教学平台（E-Learning）等，这些教学应用的特点都是从属于已有的教学流程，在教学过程中发挥辅助、补充和支持作用。[①]

（二）大学英语混合式教学的意义

1. 有利于发挥集合优势

开展混合式教学有助于将新旧教学模式结合起来，彼此之间进行相互的学习，系统展开思考，对各种教学方法进行整合和分析。这样不仅能够将教师的教学技能挖掘出来，发挥教师在教学中的主导地位，还能够以学生为中心，发挥学生的主体性。同时，教师集中先进的教学技术、教学设施等，为学生创设良好的学习环境，从某种程度上说，这种混合式教学对教师的要求更高。

[①]　何鸣皋，谢志昆.混合式教学设计 基于MOOC（慕课）的SPOC教学改革实践[M].昆明：云南大学出版社，2018.

2. 有利于及时反馈

在传统教学中,教师很难进行准确的、全面的反馈,但是在混合式教学模式下,教师可以运用一些网络平台,结合线上线下教学环境,让教师全面准确地了解学生,帮助学生解决学习中遇到的问题,从而不断提升教师的教学效果。

3. 有利于高效互动课堂的建立

传统的教学模式主要侧重于教学活动,教学内容主要是教师灌输给学生,是一种单向的转移。在学习中,学生不能有效地参与到课堂之中,学生与课堂很难实现互动。教师的教学模式也比较单一,缺乏灵活性。在混合式教学模式下,教师选择先进的教学手段,目的是实现师生之间的互动,从而便于师生解决教与学的问题。

4. 有利于个性化学习

在学习中,学生可以根据自己的需要选择适合自己的学习方式,激发他们主动参与课堂的热情,展开与教师、同学之间的协作。同时,学生也有充足的时间进行课外实践。显然,这与当前的英语跨文化交际教学改革潮流相符。同样,学生能够自主选择也属于一种深度学习,是一种创新手段,便于学生获取好的成绩。

(三)大学英语教学中混合式教学的实施策略

1. 制定具体可行的实施方案

由于不受时空的限制,根据线上教学的特点,任课教师可以根据学生的实际情况来合理安排学习内容和进度,如疫情期间,部分同学无法到校学习,那么采取线上教学就能弥补线下不足和教学地点上的局限性;然而纯线上教学也存在不足,师生无法面对面地沟通交流。英语学习就是要多说多练,因此完全依赖线上课堂而抛弃线下教学的模式是不可取的。因此有必要详细制定混合式英语教学模式的具体实施方案,这种混合式教学模式可以监管到学生的学习质量,能够培养学生的自我管控能力,进而提升他们的英语运用能力。英语课程的学习除了基础单词识记,最重要的是多与人交流和刻意练习,反之,缺少大量互动练习,这门课程就不能得到有效而快速的提升。所以线下课堂的英语教学同等重要,师生之间、学生之间可以展开充分的交流探讨活动。学生进行了线上的自主学习,遇见的问题可以在线下课堂向任课教师请教。因此,应合理设置混合式教学的具体时间、教学模块,使二者相辅相成,让混合式的教学模式在大学英语教学中得到最完美的体现。

2. 培养教师的教师信息素养能力

在混合式教学模式实践过程中,大学英语教师应重塑网络教学环境下的角色,不断提高自己的信息素养,进而全面提升教学能力。目前线上教学资源极其丰富多样,教师需要从海量的学习资料中甄选适合的教学内容和资源,这就需要教师综合考虑课程特点、教授对象、教学条件等各方面因素,具备很强的教学能力。因此,需要积极建设师资力量,通过组织培训、同行交流会等方式来提高教师的混合式教学能力和信息素养。

3. 移动工具在混合式教学模式中的有效应用

师资力量不够雄厚,教学设备需要进一步完善,互联网下的移动工具则为师生的英语教与学提供了一个很好的平台。除此之外,大学英语教学一般都是大班合班教学,课堂学生数量较多,因此,教师对学生学习情况的整体把握就不够精准。所以在混合式教学中,教师有效应用移动工具尤为重要,在一定程度上有助于优化教学环境。课前学生通过网络、移动工具获取学习任务,并经过自己的思索分析后归纳,课堂上就可以以小组、团体作品展示和讨论等形式来表达自己的观点。在混合式教学模式下,能激发学生的学习主动性,使其积极讨论,同时也参与课堂秩序的管理,使教与学更为融洽。

4. 课堂教学改革

大学英语教学中,传统模式是以教师讲解为主,学生被动地学,学习兴致和效率都不高,而混合式教学模式有独特的优势,因此,变革传统课堂也势在必行。随着线上优学院平台、移动工具的运用和"We Learn随行课堂""词达人"以及"英语趣配音"等 APP 和公众号的配合使用,学生的自主学习能力有较大程度提高。大部分学生都能在优学院和词达人上进行自主预习,并且主动进行单词打卡,教师端上传的学习资源学生也都会按时观看和学习。再通过教师在课堂上的有效引导,从而使学生的英语学习变得有趣且有效,对于基础薄弱的学生,可以使用移动工具通过反复学习,提高成就感。

在混合式教学中,任课教师可以根据学生线上的学习情况和数据反馈情况,及时了解到学生在学习过程中存在的共性问题,及时掌握学生的学习情况,针对学生学习中的问题,在线下课堂与学生面对面沟通交流、点对点地来讨论解答问题。同时,学生通过线上学习反馈能够清楚地了解到自己对一些知识点掌握得好与不好,有针对性地练习,因此学生的学习目标更加明确,学习效率比传统课堂更高。

5. 线上课程资源建设

在线上英语课堂构建过程中,教师团队要对教学资源进行体系化管理,这对新时代的大学英语教师提出了更高的要求,因为教师要学习制作属于自己的、有个性的教学资源库并供学生在线点播观看和学习。

大学英语教学过程中,每个学期根据每一单元的核心内容设计并制作教学视频,在优学院平台上将这些视频等相关资料上传,学生可以随时随地合理利用,同时布置一些思考题等。所有这些都为混合式大学英语教学提供了保障。

6. 强化学生学习的自我监督能力

网络技术平台应用于大学英语教学中已成为趋势,混合式教学模式在英语教学中对培养学生自主学习的能力起到了非常积极的作用。

在课前预习板块,把学习视频资料通过优学院平台发给学生,让学生自己学习一遍,旨在培养学生独立自主的学习能力。在教学实践中,这种观看视频的生动形象的学习方式很大程度上提高了学生对英语的学习兴趣。教师可通过线上平台提前布置学习任务,这样学生就很清楚自己的学习目标;还可以进行线上直播教学、评估测试、资源共享等互动交流活动。混合式教学模式为师生互动提供了一个高效的平台。

混合式教学体现了以学生为主体的教学理念,以学生为主体,突出个性化教学。学生的学习不受时空、地点的限制,可以根据自己的知识水平选择适合自己的学习内容且调整自己的学习方法。学生在自主学习过程中,若观看教学资料时遇到困难可以停播或重播,不断进行自我反思和评价，更有利于学生真正地掌握知识点，探索适合自己的学习方法，也强化了学生的自我学习监督能力。

二、云班课大学英语混合式教学模式的应用

在混合式教学模式的发展下，通过云班课的知识讲述、线上的知识学习，能够更进一步地去弥补传统教学模式中存在的不足，可以极大地拓宽学生的知识面，使学生的个性化需求得到很好的满足。

在云班课的发展趋势下，对于大学英语这门课程而言，在进行混合式教学模式发展中具有重要的意义和影响，在一定程度上能够使教学效果得到很好的保障。

首先，在云班课的发展趋势下，对于混合式教学模式来说，可以进一步减轻教师的工作压力，进一步强化教师与学生之间的沟通，使得整个课堂互动更加频繁。在云班课的开展下，教师可以不定时地对当前的班级进行管理，以智能终端的形式进行管理，学生与学生之间也能够随时进行资源的共享，对自己的看法或者是疑问的地方能够随时讨论。这些活动的开展使得整个课堂的互动更加丰富。

其次，在云班课的开展下，针对当前的教学资源能够进行很好的整合，可以激发学生的学习自主性，使其学习的潜能得到激发。针对云班课的授课目标来说，相对于一般的课程开展更加具体，具有一定的针对性。在实际教学工作开展期间，教师必须要根据当前学生的学习情况进行反馈，然后通过平台的方式进行上传，学生可以根据自己的情况进行多层次的学习，这能进一步缓解当前课堂内容陈述的枯燥性，对学生自主学习能力的提升具有很大的帮助。

最后，通过这种翻转课堂模式的构建，可以更好地实现因材施教。在以往的课程内容讲解的过程中，教师对学生的实际情况并不能够逐一地了解。通过云班课程的有效辅助，教师可以通过后台的数据总结，有针对性地进行课堂问题的解答，让每一个学生都能够学有所获。

三、云课班大学英语混合式教学模式的实践

（一）课前准备

在大学英语课程内容讲解的过程中,对于一节高质量的课堂建构来说,课前准备工作是关键。就词汇的教学来说,为了进一步强化学生的表达能力,教师在上课开始之前可以在云班课的后台上进行视频的上传,针对当前课程中所要学习的一些词汇或者是语句进行图片的传播。与此同时,提出相应的教学要求和学习任务,让学生在视频以及图片的练习下,对一些词汇的表达含义以及表达的技巧进行学习。在云班课的内容上传之后,在混合式教学模式应用下,通过充足的课前准备环节,学生能够根据自己的实际情况进行学习,利用课余时间完成任务。如果学生将当前教师所设置的任务完成之后可以获得相应的经验值,教师在后台可以及时了解到学生当前的学习情况,对其知识的学习进度等方面都能够进行了解。学生在预习期间,如果有疑问或是不理解的地方,可以通过私信的形式进行反馈,教师也能够在第一时间针对学生所存在的问题进行处理。

总而言之,通过提前的预习,学生在整个课程学习的过程中能够主动地去发现问题、解决问题。

（二）课堂学习

在进行云班课的课程内容讲解的过程中,首先教师必须要重视考勤,针对参与的人数一定要进行点名,在云班课的签到辅助下,可以在第一时间对学生进行签到以及手势签到等。针对其考勤的结果可以自动录入到学生的个人评价中。这种形式教师也能够在第一时间了解到学生的上课情况。在云班课中具有抢答这一功能,教师可以邀请学生进行完成,进而更好地使其云班课的实际价值得以有效地凸显。在课堂中也能够进行及时的互动,促使学生对当前的课程知识进行消化和吸收。对发言的学生来说,可以获得相应的经验值。另外,也能够对当前的课程知识理解得更加透彻,更加清晰,后期再遇到类似的课程知识,讲解的过程可以更加明确。针对在课堂中表现较好的学生,教师可以适当地

进行表扬以及鼓励。

（三）课后布置

针对课后的任务布置这一环节，教师可以根据学生的学习情况进行展开。对于学困生而言，教师可以适当降低任务的难度，让学生在问题的分析过程中提高学习的自信心。而对于学优生而言，教师在进行任务划分的过程中，可以适当增加任务的难度，让其在学习的过程中能够更加具有挑战性，当得出正确的结论之后，能够提高学习的自信心，获得学习的成就感和满足感。

在云班课的有效利用下，对大学英语混合式教学工作的开展必须要重视，可以依照英语这门学科的特点，给学生创设相应的学习平台。让学生能够利用已有的知识经验进行学习，根据当前课堂中所学到的理论知识，课前预习中的一些问题进行多方面的解答，从而使学生在教师的有效帮助之下提升自身的学习能力。

第五章

基于移动网络的大学英语教学评价体系构建

　　教学评价作为大学英语教学的一部分，需要不断改进评价手段，以适应社会发展的需求。当前，大学英语教学存在的突出问题之一就是教学评价体系不完善，因此大学英语教学应该完善教学评价体系，使教学评价更为多元化。本章主要分析基于移动网络的大学英语教学评价体系的构建。

第一节　大学英语教学评价的内涵解读

一、区分评价、评估与测试

教学评价是对收集的教学活动和效果资料,按照既定的客观标准进行衡量和判定,这个过程具有客观性和系统性,本质是判断教学活动和效果的价值。为了得到准确的教学评价结果,作为评价者的教师必须严格按照客观标准的要求完成对教学活动相关资料的收集和测量。

测量是评价者将学生的学习效果进行数量转化,只是利用数学方法对学生学习行为和教师教学活动进行客观的描述,而不确定价值。例如,学生的考试成绩为 78 分,这个分数只是测量的一个结果,要想判断其价值还需要进行评价。另外教学评价中需要进行测验,测验需要使用测量工具或测量量表。考试只是测验的一个工具,评价则是分析和评判考试结果。

关于评价,很多人会联想到测试、评估,认为三者是同一概念。但是仔细分析,三者是存在一定区别的。简单来说,测试为评价、评估提供依据,评估为评价提供依据,评价是对教学效果的综合评估。三者的关系如图 5-1 所示。

从图 5-1 可知,评价与测试、评估的关系非常密切,但是也不乏区别的存在。具体来说,可以从如下几个方面理解。

就目标而言,测试主要是为了满足教师、家长的需要,便于他们弄清楚自己学生 / 孩子的成绩。当今社会仍旧以测试为主,并且测试也为家长、教师、学生提供了很多信息。评估主要是为教师与学生提供依据,如学生在学习中遇到什么问题、学生学习的效果如何等,便于教师提升自身的教学质量,也便于学生提升自身的学习效果。评价有助于行政部门对教学资源进行合理配置。显然,三者发挥着不同的作用。

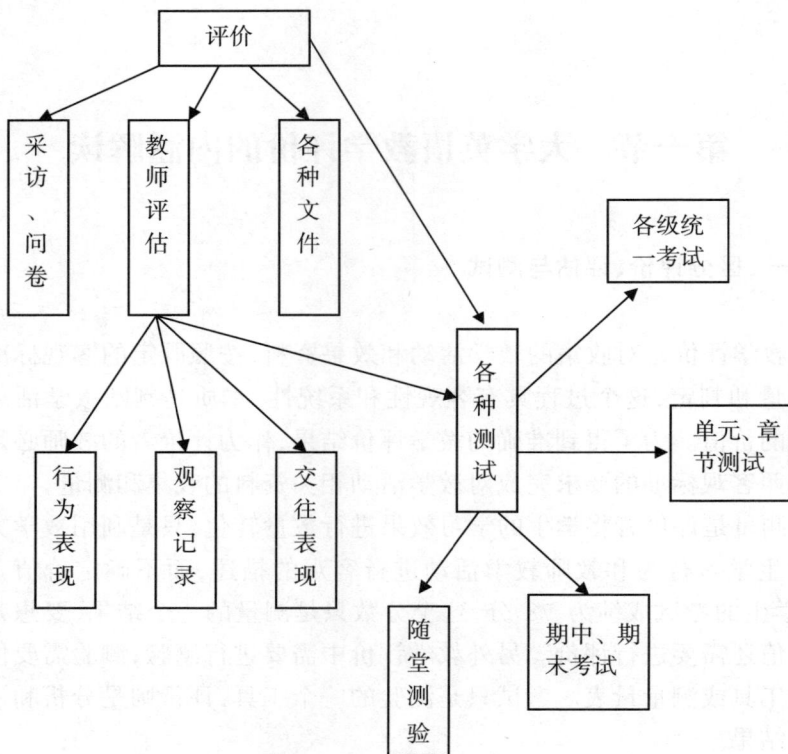

图 5-1　评价、评估与测试的关系

（资料来源：黎茂昌、潘景丽，2011）

二、大学英语教学评价的指标要素

（一）三定二中心

　　所谓"三定"，指的是教师从教学材料的特点、内容出发，对本次课的达标层次位置进行设定，然后分析各个目标层次可能需要用到的时间，然后考虑课堂评价的内容，对课堂展开定性评价与分析。

　　所谓"二中心"，指的是课堂要以学生的活动为主体，同时教学任务主要是培养学生的能力。

（二）知识再现

受当前考试题型的影响，当前的英语教学考核主要是选择题形式。这样做导致仅仅给学生提供对正确答案进行辨认的过程，是处于智慧技能的初级阶段，对比现代英语教学的要求来说，是相差较远的。因此，在课堂训练中，一定要避免这种形式，从多种活动出发考虑，体现出学生所学知识在具体实践中运用的效果。因此，在大学英语教学中，教师尽量少用选择题，否则学生的训练只能获得较低的水平。

（三）优化各类活动

大学英语课堂有很多的活动，但是当前的课堂活动出现了多而乱的情况，一些本身梯度不够或者不同梯度的活动顺序出现了颠倒的情况，这就需要对课堂活动进行优化，要求做到如下几点：

第一，活动层次梯度应该明显。

第二，梯度要与学生的认知规律相符。

第三，让全体同学都能够参与其中。

第四，要设置多种多样的活动形式。

第五，对活动的时间进行合理的调整。

三、大学英语教学评价现状分析

（一）以书面知识评价为主要评价内容

在大学开设英语课程，其主要目标在于培养学生实际运用英语语言的能力，以及运用职业英语的能力，保证学生能够在学习、工作和生活中对英语进行有效运用。课程评价应将语言实际应用能力和职业英语能力作为基础，多维角度考核大学生的英语知识掌握程度，以及学生运用英语语言交际的能力和创新运用英语的能力，还需要关注学生的价值观以及情感态度，给予更为全面的评价。但是我国部分大学在英语教学评价中往往只关注书面知识，其考核评价内容为英语词汇量、运用语法的能力、阅读理解能力以及翻译能力。由于单纯地将书面知识作为主要评价内容,因此学生不会关注书本以外的英语学习板块,学生的学习成绩看似较高,实际上却无法有效运用英语。

（二）教师是唯一的评价主体

英语教师不仅是评价主体,同时也是被评价的对象,在评价体系内部的地位十分重要。大学英语教学评价往往为教师评价,很少甚至从不开展学生自评、学生间互评的活动,由于教学评价主体单一化,因此英语教师容易给出主观色彩浓烈的评价,评价结果失去应有的客观性。大学生必须参与到教学评价之中,以此构建出完整的教学评价体系,同时彰显大学生在教学过程中的主体地位。

（三）只关注对结果的评价而忽视对过程的评价

部分大学在开展英语相关教学评价活动的时候,往往只关注结果评价,没有对过程评价给予应有的关注,英语教师只凭借期末考试的成绩,判定自身的英语教学情况以及学生的学习情况,这样做严重忽视了学生的学习过程以及学习态度,同时也从侧面打击了那些对英语抱有强烈学习兴趣的学生,甚至导致部分学生产生"理论至上"的思想,无法在后续学习过程中提升自身综合运用英语的能力。

（四）缺乏具备激励性质的教学评价内容

大学英语教师往往需要完成大量教学任务,英语教学只是其工作内容中的一部分,因此英语教师为了让学生在短时间内掌握英语知识,会选择在课堂内部长篇大论地讲解,然后草草进行评价。这样做忽视了学生的情感态度,而且个别英语教师没有在教学与评价过程中鼓励学生,导致学生在进入英语课堂之后缺乏成就感以及学习积极性。

（五）缺乏对听力等其他学习板块的评价

为数不少的大学在评价英语教学效果的时候更多地关注书面内容,

虽然期末考试包括听力和笔试两部分,但是听力题目的分数占比较少,而且仅凭期末考试的听力题答题结果对学生的英语能力进行判断显得十分片面。还有部分大学并未考查学生"说"英语的能力,英语课堂内部的口语交际板块通常为"走马观花",即使英语教师在课堂内部进行评价,也缺乏实际的评价作用。

四、推动大学英语教学评价改革的策略

(一)大学应当及时转变英语教学评价理念

大学积极响应政府提出的职业教育改革要求,对英语课程教学进行初步改革,但是在建设教学评价体系方面,仍旧沿用精品课程相关评价体系,这种评价体系往往用于"工学结合、职业性和实践教学"的评价中,对基础性质较强的英语课程缺乏适用性。英语是高职院校内部的基础性课程,不仅具备工具性,也具备强烈的人文性,因此在评价过程中,必须先转变相关教学工作者对教学评价的认知,同时转变课程评价理念。

英语教学相关评价体系的建设,必须遵循以学生为本的要求,重视对学生综合英语能力的评价。学生运用英语的能力,就是评估教学评价体系是否科学的指标,学生在整个英语相关教学评价体系建设当中居于核心地位,而且英语教师在开展教学工作的时候,必须将学生放在中心位置,并且将该理念运用于评价活动之中,保证教学评价体系能够完善。

除此之外,英语相关教学评价的内容也需要及时改革,英语教师必须突破传统的教学评价模式,开展综合评价活动,需要对学生的知识、态度、能力、情感、价值观等进行全面评价。在职业教育改革不断深化的今天,需要将学生运用英语知识解决职业问题的能力作为评价内容,保证英语教学评价具备正确的方向。在科学合理地设计评价内容之后,英语教师能够有效推动英语教学以及评价体系的改革,为我国社会培养更多的职业化人才,同时解决以往英语教学评价片面化的问题。

（二）大学应当建设专门的英语教学评价模型

大学英语课程具备明显的综合性以及复杂性，因此不仅要有序开展教学评价工作，同时还需要革新相关评价模型。在构建英语教学评价模型的时候，英语教师应当注重评价阶段、维度、问题的系统设计。大学英语教学的评价模型分为三个阶段，分别为准备、过程以及效果。为了使评价模型具备更强的科学性，需要考虑不同阶段面临的问题，从而使评价模型与教学评价工作紧密结合。

其一，准备阶段，需要准备好评价所需的资料和信息，然后进行归纳与整合，同时总结以往教学评价中存在的问题，从而在改革过程中解决该问题。其二，过程阶段，大学需要将号召评价主体与客体的全面参与作为重中之重，其原因是教学评价工作并非只由某一个人或者一个专业内部的教师参与，而是应由所有相同人员共同参与，因此要做好过程控制与严格把关。其三，效果阶段，总结已经得到的评价结果，然后将此作为依据，对公共英语教学的方法进行调整，指导学生运用更科学的英语学习方法，发挥出评价的诊断、整改、督促等良性作用。

（三）大学应当合理选择英语教学评价指标

大学英语教学评价体系的改革，应当适当地借鉴发达国家的英语教学评价标准，同时对实际教学情况进行分析，兼顾其他类型的评价标准，以及国家精品课程评价指标体系中英语教学实际情况，制定科学合理的、能够切实发挥优势的教学评价体系，为评价具体指标奠定良好的基础。不仅如此，在评价指标体系的建设过程中，必须对教学评价相关的指标构成要素进行分析，分别就学生、教师、内容、背景四个层面进行评价，重点关注教学管理工作相关评价活动。需要注意一点，那就是评价体系的建设必须做到以人为本、内容多元、促进发展，评价指标必须具备多个维度，而不是运用单一维度。例如，在教学评价指标体系建设的准备阶段，英语教学评价应当重点分析教学资源以及教学内容等，同时考量教学的理念、意向以及策略，更需要考量教师和学生的个性特征、学生已经掌握的英语知识、学生所运用的学习方式等。在正式开展英语课程教学之后，应当评价教师的教学策略、学生的学习方法、教学内容等。而在教学效果评价阶段，应当评价教师的教学工作是否达标、学生的发展情况等。所有指标权重必须合理设计，量化评价指标。

（四）大学应当合理应用英语教学评价结果

在改革教学评价体系的过程中，必须结合现有的评价结果深入开展教学改革，从而使教学评价体系得到持续完善。在获取教学评价结果的时候，不仅要进行定量计算，还需要对评价结果进行定性分析，坚持综合性的评价原则，不得单纯地为了获得教学评价结果而将所有内容简单叠加。在设计教学评价指标权重的时候，必须考虑到关联程度以及知情程度，从而获得更为客观的评价结果。不仅如此，还要将评价结果进行公示，接受大学全体师生的监督，避免评价结果失真。

评价结果必须在实际英语教学工作中得到运用，同时融合英语教师的评奖评优、薪酬绩效、职称评定、学生综合评估等内容，使评价发挥出导向作用。首先，英语教师必须及时更新自身的教学理念，更多地在教学过程中培养学生运用英语的能力，还需要尊重学生个性差异，在设计教学方法的过程中，将学生放在核心位置，因材施教。其次，在教学活动管理方面，大学应当关注先进的信息技术，对现有的教学资源进行利用，同时建设信息化的教学评价平台，保证英语教学评价体系的建设能够适应现阶段改革发展的要求。

（五）大学应当强化英语形成性评价

1. 教师评价过程中存在的问题

在教育过程中，部分教师对考核内容、考核过程、考核题目的理解存在细微偏差，存在以下问题：

（1）评价内容单一

学习英语应该关注学习过程，而不仅仅是学习成果，要让学生学会合作、倾听和思考。过去，教师以考试成绩作为评价目标，单一的评价内容无法客观评价学生的学习能力和水平。

（2）评价过程单一

在现有的评价模型中，往往以分数论英雄，通过单元检查、期末考试等总结性评价，在第一阶段评价学生的学习表现，忽视了学生的学习过程。

（3）评价主体唯一

在评价过程中，教师是评价的主体，学生的表现完全由教师决定，学生是非常被动的。

2. 形成性评价在大学英语教学中的运用策略

（1）建立学生个人学习记录档案

建立学生个人学习记录档案，对指导学生正确应用自我价值评价系统非常重要。个人的学习记录档案一般是教师在日常学习评价过程中逐渐建立起来的。个人学习档案中的主要内容是对学生成长的评价，有利于奠定学生的思想基础，进一步激发其学习动力和积极性，促进学生的全面发展。教师充分利用个人学习档案中的评价内容，不仅可以随时让所有同学看到、了解自己的成长路径，还可以帮助学生了解自己的进步和不足，以及思考自己接下来的目标和计划，有利于促进学生发展。

（2）追求评价的公平性

兴趣是学习的先导。例如，在教学时，如果学生能准确地回答问题，教师的赞美将是一种极大的鼓励，会激励他们更加努力地学习。在评价过程中，教师应鼓励学生以多种方式表达自己，提升他们的自信心。学生的作业、行为模式和学习情绪等应该通过积极有效的自我比较、自我反思、自我动机等进行评价。学生接受和喜欢评价，本质上是学生对教师最大的认可。

在整个评价环节中，教师要力求科学、准确地将最终评价考核结果直接反馈给学生，让所有学生及时认清自己真正的长处和短处，从而更全面、更理性、更客观公正地提升自己，追求人生更进一步的持续发展。学生平时的课堂学习时间可以尽量通过多种组织方式灵活调整。例如，团队成员之间进行自主对话讨论，认真回顾、反思、评价课堂学习活动过程，调整学习和积极改进学习计划，学习能力很快就能得到有效提高。

（3）完善形成性评价体系

在形成性评价系统中使用反馈可以有效改善学习效果，但仅靠反馈并不那么有效，因为反馈就相当于将深度学习的责任和进一步改进转移给学生。形成性评价包括三个阶段：前馈—反馈—后馈。前馈帮助学生了解他们的学习目标并知道如何评价自己，换句话说，就是它告诉你"去哪里"；反馈让学生了解自己的优点、弱点以及他们的表现；后馈进一步指导学生在此基础上进行构建和改进,以便清楚了解下一步该往哪里走。只有这三个部分在形成性评价体系中并存,才能有效促进学生学习。

进行前馈。作为形成性评价系统的重要组成部分,前馈要回答"去哪里"这个问题。它主要包括三个部分:明确的目的、动机和目标设定。学生必须首先了解每节课的目的以及为什么这些知识、目标、信息是重要和适当的。当目标一致并且学生受到激励时,形成性评价系统就会起作用。

进行反馈。越来越多的例子表明,反馈越快越好。反馈与学生的表现密切相关时,反馈会更有效。反馈应该是具体的,通过反馈指出学生做得好的地方和需要改进的地方,学生便可以做出有效的调整。反馈应该是可以理解的,只有当学生理解反馈内容时,反馈才有效。反馈的意义在于学生可以通过反馈的内容进行自我调整,缩小与目标的差距,这样教师提供的反馈才具有实际意义。

在形成性评价系统中,学生可以通过反馈了解他们当前的知识状态。然而,仅靠反馈是不足以促进理解的,需要教师进一步的指导。没有额外指导的反馈有助于激励学生,但会削弱他们的学习热情。反馈是个性化的,是根据学生的需求量身定制的,这一点非常重要。

教学过程的一个重要部分是检查学生的理解程度,检查理解应该与指令同时进行,而不是在给出指令之后。一旦目标达成一致并开始上课,教师必须不断确保学生理解目标并帮助他们朝着目标前进。这种反馈策略尤为重要,在设计教学活动时,教师应考虑如何将学生的理解形象化,以便为下一阶段的教学提供有力的证据。反馈本身不是很重要,教师应在反馈后提供指导和建议,但教师不应直接说出答案,应引导学生循序渐进地思考,并以提问的方式引导学生走向正确的方向,并在需要时给予鼓励。形成性评价体系中的每个环节对教学目标的实现都起着重要作用,教学目标也是形成性评价体系的重要组成部分。

进行后馈。后馈分为四个层次,每个层次都针对特定的内容,但后馈的层次应该与有效的教育目标保持一致。第一级后馈是对学习作业的反馈或纠正性反馈,这是教师最常用的后馈类型,对纠正错误最有用;第二级后馈是对学生认知过程的反馈;第三级后馈是与学生自我评价和自我管理相关的自我调节反馈;第四级后馈是关于个人的自我评价,并关注学生本人。

（4）构建逐步释放责任的教育框架

逐步释放责任的教育框架包括五个部分：目标设定、教师示范、顾问机制、有效的小组工作和独立工作。

进行目标设定。教师在备课时都会设定教学目标，但并非所有学生都知道这一点。在课程开始时告知学生学习目标是非常有必要的。

开展教师示范。在学校，学生不仅要学习知识，还要学习如何思考、提问和反思。学生需要教师为他们的思维过程建模，以便自己可以逐步开展自主学习。教师示范的重要性在于思想是无形的，让学生一步一步地了解教师是如何解决问题的。教师还要教会学生善于自我解决及综合分析，使每位学生最终能够运用自身所学专业知识思考和解决现实生活中的一些问题。

设置顾问机制。督导从询问、鼓励、解决三个方面进行。提问题是用来检查学生的理解情况，当学生理解不正确时，要鼓励学生思考。当鼓励不起作用时，教师应提供一些线索，学生利用给定的线索来解决问题。

开展有效的小组作业。小组合作学习是必不可少的，小组合作可以更好地整合和应用所学知识。此外，小组合作中最重要的是让每个小组成员承担责任，并通过小组成员之间的相互合作进一步加深对目标语言和技术的理解。

引导学生进行独立学习。教育的最终目标是培养能够独立思考的学生，因此，每节课都应该为学生提供独立应用所学知识的机会。一项有效的独立任务应具有及时性，当教师给学生一个独立的任务时，他们必须在一定程度上成功地完成给定的学习内容，并具备独立完成任务的能力。

打造高效课堂是每一位教师的目标，持续地研究、教学和学习也是每一位教师的使命。形成性评价对课堂教学具有广泛的意义，值得所有教师深入研究。研究和开发有效的评价模型是所有教师的职责。

第二节 基于移动网络的大学英语教学评价的意义

在移动网络技术下,科学有效的评估对于大学生的英语学习非常重要。对于教师来说,有助于改善教学环境,使教师对自己的教学过程有清晰的了解,改进自身的教学手段和方法,搭建师生和谐的互动平台。具体来说,基于移动网络的英语教学评价具有以下两方面的重要意义。

一、提升学生学习的积极性

对于学生来说,英语学习兴趣是最好的教师,如果能够帮助学生形成英语学习的兴趣,那么就能够提升英语教学的效果。传统的大学英语评价模式很难调动学生学习的积极性,学生往往是被动地接受知识,持一种"完成任务式"的心态,因此很难获得较好的英语教学效果。

相比之下,移动网络技术背景下的大学英语教学评价模式能够将学生的学习潜力挖掘出来,实现学生高质量的学习。实际上,学生的学习能力本身相差不大,如果采用科学的教学手段,那么就可以将不同学生的学习潜力激发出来。同时,移动网络技术背景下的大学英语教学评价模式还可以实现师生之间的和谐互动,教师改变了以往"高高在上"的局面,与学生展开互动交流,从而将学生的英语学习积极性激发出来。

二、培养学生的学习信心

很多学生不愿意花费大量时间在英语学习上,而是热衷于学习自身的专业课,这主要是因为他们存在厌学情绪,而以往传统的大学英语教学评价模式也恰好能够将这一厌学情绪放大,导致学生更不愿意学习英语,甚至放弃学习英语。

移动网络技术下的大学英语教学评价模式克服了传统大学英语教

学评价模式的弊端,帮助学生提升英语学习的信心。学生通过对英语学习阶段的了解,可以建构自己对英语学习的信心。实际上,学生的英语学习信心与教师有着密切的关系,如果学校建立了移动网络技术下的英语教学评价模式,那么教师的整体水平就会提升,从而有助于促进学校、教师、学生之间关系的和谐。

第三节　基于移动网络的大学英语教学评价的原则

一、主体性原则

大学英语教学长期存在"费时低效"的情况,其根本原因在于大学英语教学过分重视教授,而忽视了学习,对于标准化与一体化教学过分看重,未重视学生的个体化差异。

在新时代,大学英语教学需要考虑学生的情感与认知因素,允许学生对学习内容进行自行选择,可能全部承担或者部分承担自身学习的前期准备、实际学习以及学习效果监控与评价等责任,让学生在学习与评价过程中形成一种监控意识。

二、交互性原则

每一名学生都是一个完整的整体,教师与学生的工作目标是不同的,但是彼此之间也不是孤立的状态。教师和学生都是社会互动中的一部分,并且只有融入整个社会体系之中,才能将各自的效能发挥出来。大学英语学习本身属于一种社会性活动,对大学英语教学模式的探索必然与教师和学生相关,并且师生之间的互动也是大学英语课程的核心。师生互动对教学活动的质量起着决定性的作用,并且师生之间的交互模式也对他们各自的角色起着决定性的作用。在这期间,学生从被动的听课角色变成学习活动的计划者、对自己学习过程的调控者、对自己学习结果的评价者。教师的角色也发生了改变,从之前的知识的播种者转变成课堂活动的组织者、教学活动的研究者、学生学习的指导者。

三、情感性原则

英语学习不仅是一个语言认知的过程,还是一个情感交流的过程。当师生围绕着教材展开教学活动的时候,教师、教材与学生之间不仅是在传递信息,还是在交流情感。大学英语教学在高等院校中被视作传承异域文化的中介。

在大学英语课程发展中,培养积极的情感是非常重要的。在新时代的大学英语教学改革中,情感、态度与价值观需要引起教师与其他学者的关注。学生对英语学习的情感不仅能够激发学习的兴趣,还能够感受到英语学习的快乐。

四、实践性原则

(一)结合主观和客观指标

教学评价的指标分为定性和定量指标、单一和复合指标、静态和动态指标几类,要想将主观和客观指标有机结合起来,首先要明确定性指标,为评价提供具有科学性、合理性的信息。定性指标具有较强的主观性,因此,需要从多方面制定"好""尚好"标准,避免评价者在评价过程中以主观意识为主,但也不是完全限制评价者的主观判断。

(二)评价指标简约化

设计教学评价指标要将教学活动的主要方面全面涵盖,但不能设计特别多、特别细的指标。教学评价指标应该简约化,也就是将所有无关紧要的评价指标去除,将关注点放在实质性指标上,这样才能控制好评价成本,使评价效率和质量有效提升。

（三）学生参与教学评价

设计教学评价指标的时候让学生参与其中，得到他们的认可。学生参与教学评价的主要途径有两种，其一，制定和修改评价指标；其二，运行和执行教学评价指标，即学生参与教学评价过程。

第四节　基于移动网络的大学英语教学动态评价体系的构建

一、动态评价

（一）动态评价的理论框架

动态评价，简称 DA，源于社会文化理论，主要对学生的最近发展区予以关注，强调通过对学生学习方面的变化情况进行观察和记录，对学生认知能力的变化过程进行了解。

一般认为，评价者通过与学生展开互动，对学生的认知过程与变化情况加以了解，从而探究学生潜在的能力，提供给学生恰当的干预手段，促进学生的全面进步与发展。因此，有人将动态评价称为"学习潜能评价"。

与传统的评价手段相比，动态评价不仅可以将学生的英语语言实际水平反映出来，而且在评价中，教师可以发现学生学习中存在的问题，对这些问题进行干预，保证教师的英语教学效率与学生的英语学习水平。

不同学者对动态评价研究的视角不同，得出了不同的评价模式，归结起来，主要有如下两种。一种是干预式，即对量化指标非常侧重，教师提供的帮助是预先设计好的。一种是互动式，即对定性指标非常侧重，教师提供的帮助是师生之间展开互动。只有将两种评价手段结合起来，才能使得动态评价发挥出应有的作用。

（二）从动态评价的角度改善学生的英语学习情况

情感、师生作用、环境等因素都会导致学生的英语学习问题，下面就从动态评价的角度对大学生英语学习情况进行改善。

很多大学生因为语言交际中本身存在的焦虑状态以及领会能力欠缺等问题，导致大学英语学习问题，但是通过干预式与互动式两种评价模式可以对其进行缓解。

语言交际的焦虑恐慌可以通过与他人交互进行缓解，交互式评价强调师生之间展开面对面的交谈。例如，教师可以将个体的口语评价划分为两大阶段。在第一阶段，主要是选择学生熟悉的话题展开交谈，对谈话内容展开静态评价，这样便于了解学生在口语学习中存在的不足之处。在第二阶段，从静态评价转向动态评价，应该采用干预式评价手段，对学生在第一阶段存在的问题进行干预，并提供建议与帮助，这样就有助于缓解学生在口语交际中的焦虑恐慌。

在互动式动态评价中，教师可以对现阶段学生的学习动机、学习需求等差异有清楚的了解，为下一阶段学生英语学习中存在的问题进行预估，及时为学生提供干预手段。师生在交流互动中，教师对学生有清楚的了解，学生也会感到教师是关心他们的，从而产生满足感，愿意投身于英语学习中。这样由于师生关系引发的英语学习问题也可得到解决。

移动网络技术下的大学英语教学的动态评价强调学生在学习了一段时间的英语后，与前段时间的英语学习进行比较，关注如何改进自己的英语学习方法，获取理想的英语学习结果。其对学生本身的发展非常关注，教师也从学生的动态互动中，对学生英语学习中的问题有所发现，对这些问题进行适当的干预，真正实现因材施教。

二、基于移动网络的大学英语教学动态评价的方式

（一）多元评价

多元智力理论是哈佛大学教授加德纳在他的著作《智力的结构》一书中所提出的，加德纳认为智力并非只有一种单一的类型，而是多种智

力类型的有机统一,人们在学习与生活中所呈现出来的智力类型是多元化的。

人的智力具有个体差异性,这种差异不仅体现在个体之间,也体现在个体内部。同时,人的智力也并不是固定不变的,而是处于不断发展变化的过程中。多元智力理论自传入中国之后,便引起了教育界的广泛关注,探索该理论与各学科融合发展的研究层出不穷。多元智力理论对英语教学评价的优化有着重要的指导作用。因此,有必要对其展开深入的探讨。

1. 多元智力理论与多元评价

加德纳的多元智力理论被提出之前,学校通常只注重学生"读"和"写"这两方面能力的培养,但这两种能力显然无法体现出人类全部的智能,因此,加德纳的多元智力理论是一种全新的智力结构理论,并且对以往的智力评价模式产生了严重的冲击。

在多元智力理论中,加德纳认为如果只是将人类的智力局限于逻辑与语言这两点是十分片面的,难以将一个人真正的智力水平展示出来。相反,人类的智力构成应该是多元化和综合性的。多元智力理论认为,人的基本智能之间既彼此独立,又相互统一。同时,多元化智力理论主要强调以下几点:

一是每个人都具备多种智能,但它们在每个人身上的组合类型、呈现方式各不相同,这也使每个人的智力类型都是独一无二的。

二是虽然每个人都有智能,但由于各种因素的相互作用使得发展方向和程度千差万别。

三是多元智力是以语言和逻辑能力为基础的综合能力。

四是多元智力是以相对独立的形式呈现出来的,而并非以整合的形式呈现出来的,同时,多元智力理论也是多元化评价的理论基础。

加德纳认为,一个人智力的发展不仅受个体内在因素的影响,还会受外部环境的影响。只有兼顾内外各种因素对人类智力的影响,才可以正确理解多元智力理论。所以,加德纳对以往的智力理论提出了质疑,并主张改变传统狭隘的智力评价模式,转而采用多元化的评价模式。

学生的能力是各不相同的,每个学生都有自己的优点和缺点,学生在学习过程中所表现出来的智力类型并不是单一维度的,而是多元化的综合体现。因此,在评价时要采用多元化的评价方式。多元化评价强调对学生评价时应该着眼多个角度,采用多种方法,以发展的眼光去评价他们的智力。这样对学生智力的评价才会更加客观全面,才能够更好地促进学生的个性化发展。

2. 多元智力理论下英语教学评价的必要性

（1）使每个学生得到全面评价

多元智力理论下英语教学评价是一种立体化的教学评价模式,通过这种评价,每个学生的智力都能够得到更好的发展,都能在学习中有所成长。

在多元智力理论下的英语教学评价中,每个学生智力构成因素的特点和优势都将会得到相应的评价。例如,有些学生擅长英语听力,有些学生擅长英语写作,有些学生擅长英语口语交际,无论是哪种智力类型,都可以得到客观的评价,这相对于以往单一的评价模式更加客观全面。

需要强调的是,在当前应试教育背景下,尤其不能单纯以成绩好坏去评价学生的优劣,而要对学生的各个方面进行综合评价,这样才能保证评价的真实、客观性。

（2）帮助学生树立自信心

多元智力理论下的英语教学评价与以往单一化的评价模式有着本质区别,它能够帮助不同层次的学生树立自信心。教师可以结合学生的具体情况去制定差异化的评价方案和标准,对于不同类型和层次的学生采用差异化的评价标准。例如,在评价英语基础较差的学生时,教师可以着重评价他们相较于以往取得的进步,让他们看到自己努力的结果,从而帮助他们建立自信心；对于那些英语成绩优秀的学生,教师在评价时可以着重评价他们个性方面的发展,这样可以帮助他们巩固和提高学习英语的自信心。

再如,对于那些虽然成绩不是特别优秀,但是有自己特长的学生,如擅长英语口语、英语写作、英语交际、英语阅读等,这些闪光点在以往以成绩为中心的评价模式中是经常被忽视的,而在多元智力理论下,教师可以有针对性地结合他们的闪光点进行评价,这样可以让学生意识到他们身上的优点,从而逐渐建立起学习英语的自信心。

（3）契合人性化的教育理念

学生的智力千差万别,再加之后天外部环境的影响,这种差异性就显得尤为突出。因此,单一的评价模式难以满足学生的发展需求。教师应该意识到这一点,确保英语评价兼顾人性化与理性化的特征,坚决杜绝"一法评千人"的评价模式。

多元智力理论下的英语教学评价要求教师不仅要关注学生的差异性,还要兼顾其他方面,为不同水平的学生提供更为广阔的发展空间。面对当下英语教学中存在的问题,教育理念的革新是十分必要的,需要在多元智力理论下去探讨问题的解决之道。基于多元智力理论的英语教学评价模式能够激发学生学习英语的热情,让学生从被动学习转变为主动探究,并帮助学生树立强大的自信心,进而促进他们全面发展,彰显人性化的教育理念。

3. 多元智力理论下英语教学评价优化策略

多元智力理论与教育的结合推动了教育的个性化发展,这种个性化发展更加突出各种教学方式的设计,其目的就是使各种智力类型的学生都可以得到相应的发展。

在英语教学中,基于多元智力理论的教学评价有其独特的优势,即教师在认识到学生智力差异的基础上,帮助他们形成符合各自智力类型的学习风格等,尽可能地发掘他们智力类型中的强项,激发潜能,从而让他们在英语学习过程中获得相应的发展。在多元智力理论下的英语教学评价中,我们应该从以下几点去优化完善。

(1)评价理念多元化

多元智力理论强调智力是多元化的,任何一种智力类型都具有自身独特的价值,不能简单地认为某一种智力类型就一定比另一种更好。同时,多元智力理论也强调每一个学生的智力构成都是独一无二的,都有强弱项。因此,教师应该树立多元化的评价理念。

构建多元智力理论下的英语教学评价体系是为了激发学生各方面的潜能,并让他们认识到自己的强项与弱项,这样可以使他们更加客观地认识自我,从而更好地发展自我。同时,教师还可以通过多元评价积极鼓励学生去发展自己的智力强项,并将智力强项中所展现出来的品质与特点迁移到智力弱项中,以强项带动弱项,从而使学生各方面的智力得到均衡发展,这样才能促进学生的全面发展。

总之,多元化的评价理念应该以学生的全面发展为中心,突出教学评价的整体性,将教学评价和学生各方面英语素养的提升联系在一起,从而更好地促进学生英语综合素养的提升。

（2）评价内容多元化

可以通过让学生写英语日记来评价学生的观察、记忆能力以及自我反省能力；或者组织学生制作英语黑板报、举办英语口语交流活动来评价学生的绘画能力、交际能力以及情绪表达能力等。基于多元智力理论的英语教学评价不应该只注重对学生听、说、读、写等智力因素的评价，更应该注重对他们学习态度、毅力、交际能力等非智力因素的评价。

英语智力因素的评价并非教学评价的唯一内容，教师在评价过程中应该明确多元化的评价内容，通过多方面的考察评价，给予学生展示自我的机会，鼓励他们扬长避短，这样才能更好地促进学生英语综合素养的提升。

（3）评价主体多元化

多元智力理论下的英语教学评价主体不但强调教师的评价，而且强调学生以及家长的评价，倡导评价主体的多元化，鼓励各评价主体之间相互沟通合作。这样既能够使学生由被动的评价对象转变为主动的评价主体，也能够使教师从评价的主导者转变为评价的组织者与辅助者，使家长从评价的旁观者转变为评价的参与者。因此，应该积极采用评价主体多元化的评价模式。具体而言，评价主体的多元化主要体现为以下几种形式。

一是学生自评。通过学生自评可以提升学生的自我反思能力，还可以让他们养成勤于思考的好习惯，并逐步使学生成为一个善于自省、能够自主学习的人，为他们的终身学习奠定基础。不仅如此，通过学生自评，教师可以发现学生在学习中的需求与态度，这样有利于教师在以后的工作中更好地优化完善英语课堂教学。

二是学生互评。学生互评不仅可以使学生参与到评价活动中，还能够提升他们的沟通与协调能力。同时，在学生互评过程中，学生还可以学会相互尊重和相互欣赏，懂得在协作过程中去学习对方的优点，这对培养学生的自我学习能力大有裨益。

（4）评价方式多元化

教师可以采用问卷调查的评价方式。在问卷调查过程中，学生可以将一些不便在教师面前讲的事情写下来，这种评价方式能发挥出意想不到的作用。另外，还可以采用学习档案袋的评价方式，教师通过查阅学生的学习档案袋，可以对他们的学习情况有一个整体的了解，这样能够从更加宏观的角度去评价他们,评价的效果能够达到最大化。

(5)评价标准多元化

多元智力理论下的英语教学评价应该打破传统评价中"一刀切"的做法,采用更为多样化的评价标准,用不同的标准去评价学生。素质教育所倡导的全面发展并不是平均发展,每个学生的资质各不相同,单一的评价标准难以满足现代教育发展的要求,不利于学生多元化发展。因此,多元智力理论下的英语教学评价应该采用多元化的评价标准。

在面对那些学习成绩优异的学生时,教师可以采用"常规参照评价",通过这种评价标准,让学生找到自身的不足,并向着更高的目标迈进;对那些成绩处于中间层的学生,可以采用"目标参照评价",通过这种方式让他们意识到自己和目标之间的差距,然后向着参照目标努力;对那些学困生,可以采用"自我参照评价",当这些学生相较于自己之前有进步时,教师就应该给予及时的鼓励,激励他们在以后的英语学习中再接再厉。因此,在英语教学中,教师应该结合学生的具体情况,设置多元化的评价标准,使每个学生都可以得到不同程度的提升。

综上所述,基于多元智力理论下的英语教学评价模式不仅可以使学生的能力素养得到综合评价,还能够促进他们英语综合素养的全面提升。在这一过程中,教师也能够获得有关英语教学方面的各种信息,这对教师总结反思自己的英语教学工作大有裨益,有利于教师专业素养的不断提升。此外,基于多元智力理论的教学评价模式也可以使学校了解到自身管理方面的不足,能够帮助学校更好地完善各项教学管理工作。

总之,多元智力理论下的英语教学评价对学生的学习成长、教师能力的提升以及学校教学管理工作的完善都具有积极的影响。因此,在以后的教育教学过程中应该积极推广和倡导这种评价模式。

(二)自主评价

1. 确定反思内容

反思内容最好以表格形式呈现,并且要结合具体的任务来设计。可采用自我反思表的形式,如表 5-1 所示。

表 5-1　关于听力的自我反思表 ①

学生姓名_____
填表日期_____

本人认真回顾了从 ___月___日到 ___月___日早自习时间我的听力情况,我共听
听力___次,我收获很多。
1. 在听力习惯和能力上,我的进步体现在:_____。
2. 我觉得取得听力进步的原因在于:_____。
3. 在听力过程中,我还需要改进一些问题(听力习惯、语音、语调、句型、非智力因
素等):_____。
4. 教师、同学、家长的意见:_____。
5. 我想说:_____

2. 给自己打分

在教与学的过程中,学生不仅是被评价的对象,而且是评价的参与
者。自我客观评价可以提高学生学习的主动性和积极性,促进学生对自
己的学习进行反思,并帮助学生掌握评价技术,增加教师的评价信息,
这一点是确信无疑的。难的是教师在教学实践中如何实施学生的自我
评价。

(三)成长记录评价

1. 成长记录的建立

成长记录作为一种典型的质性评价方式,主要用于教师的课堂评价
实践中。英语学科的成长记录可以按照听、说、读、写分门别类,根据教
学需要来设计。具体来说,可以从如下几方面着手。②
(1)指导学生在档案袋中做好学习记录。
听:
能否听懂教师的教学指令:_____
能否听懂同伴的交流语:_____
听音练习时间:_____分/天

---

① 　王哲.互联网环境时代背景下的英语教育形态 [M].哈尔滨: 黑龙江教育出
版社,2013.
② 　王哲.互联网环境时代背景下的英语教育形态 [M].哈尔滨: 黑龙江教育出
版社,2013.

听音材料所涉及的话题：____

完成听音指令的比率：____

说：

上课的发言次数：____

教师的评语：____

同学们的反应：____

完成课堂活动情况：____

在与同学合作完成任务中承担的角色、所起的作用：____

你学习的话题：____

你能用这些话题完成的任务：____

读：

阅读量：____ 字／天

阅读速度：____ 字／分

阅读的准确率：____

能否概括出段意：____

生词积累数：____

写：

自拟题写作情况（题目、词数、关键词）：____

阶段反思：____

（2）指导学生选择放入档案袋中的作品

听：

你最喜欢的听音材料：____

你最骄傲的听音结果：____

说：

你最骄傲的课堂表现记录：____

你得到的嘉奖证明：____

读：

你最喜欢的作品：____

你最感兴趣的作品：____

你最骄傲的作品：____

写：

修改前的作品：____

修改后的作品：____

最骄傲的作品：____
最不满意的作品：____
其他：____

学生档案袋中记录的学生学习情况能帮助教师了解学生学习的整体概况，从而做出教育决策。

2. 成长记录的运用

建立学生成长记录需要师生双方长期的不懈坚持和努力，尤其是起始阶段，需要教师的引导和督促。也就是说，教师需要有意识地提醒学生明确搜集材料的目的，定期进行成长记录的更新，展开学生之间的交流，甚至争取家长的支持，以便相互借鉴、共同提高。相信随着时间的推移，成长记录会成为教学中珍贵的第一手资料。

第六章

基于移动网络的大学英语教师职业能力发展

随着移动网络的发展,教育理念发生了很大转变,对大学英语教师的职业能力也提出了更多的要求。2018 年 1 月 20 日,《关于全面深化新时代教师队伍建设改革的意见》中指出:"百年大计,教育为本;教育大计,教师为本。"可见国家对教师队伍的重视。因此,教师应主动地适应信息化、人工智能等新技术变革的潮流,积极有效地开展教育教学,尤其是大学教师。因此,本章就对基于移动网络的大学英语教师职业能力发展展开分析。

第一节 大学英语教师的职业素养分析

一、大学英语教师的专业素质

（一）专业道德素质

1.专业精神

大学英语教师在教育教学活动中的价值取向和追求即为其专业精神。大学英语教师的专业精神直接影响着自身的行为及其结果。大学英语教师应具备高度的教育责任感，将教育作为自己神圣的职责；精益求精的工作态度；甘为人梯的服务精神；清晰的反思意识，不断实现自我超越。

2.专业自律

大学英语教师要表现出一定的"角色敬畏"。大学英语教师的角色意味着其所承担的道德责任和义务，而通过"角色敬畏"，使大学英语教师在教育教学活动中"有所为有所不为"，体现道德责任感和道德使命感。大学英语教师的专业自律还要求其体现一定的"教育良心"，使大学英语教师对自己的教育教学行为进行自主控制与调节。

（二）专业知识素质

大学英语教师的专业知识素质包括扎实的政治理论知识、不断积累的实践性知识，大学英语教师要全身心地投入教育教学中，不断实现自身专业知识素质的发展和提高。

（三）专业能力素质

大学英语教师需要重视以下几个方面能力素质的提升。

第一，敏锐细致的观察力。通过观察更好地把握学生的心态，对学生做出更加客观的评价，从而能够进行有针对性的教学。

第二，准确清晰的记忆力。不仅要对有关教育教学的知识有良好的记忆，对全班学生的各种情况也要有准确的记忆。

第三，一定的自我调控能力。使自身保持良好的情绪状态，用理智支配自己的情感，做到语言、行为合情理、有分寸。

第四，较强的创造能力。大学英语教师在借鉴前人经验的基础上，大胆进行工作方法改进，从中发现新的规律、新的观点和具有创造性的教育教学方法。

（四）专业心理素质

大学英语教师需要重视以下几个方面专业心理素质的提升。

第一，发展自身的人格心理素质。包括端正自身的需要与动机，培养良好的性格，提高自我调控能力等。

第二，发展自身的文化心理素质。要善于运用一定的方法和策略学习新知识和新技能，通过学习提高自身的实践创新能力。大学英语教师还要努力提高自身的文化素质，完善自身的个性。

第三，发展自身的社会心理素质。认识到自身角色的多样性，建立良好的人际关系，具备良好的交往心理素质。

（五）专业人格素质

一个人的人格能够很客观地反映出其整体心理面貌。大学英语教师的人格形象能够体现出其在教育教学活动中的整体心理面貌和心理特征。具体来说，大学英语教师的专业人格表现在其对学生的态度以及自身的气质、兴趣等方面。大学英语教师要实现自身的专业发展，就应该具备专业人格，为专业的发展奠定良好的心理基础。

（六）专业思想素质

从客观角度来说，专业思想是判定一个人是否属于一个专业人员的重要依据，也是现代大学英语教师与以往大学英语教师相区别的显著标志。大学英语教师的专业思想是其在理解教育相关知识的基础上所形成的教育教学思想。大学英语教师在教育教学工作中要做到以专业思想作为行动的世界观与方法论。大学英语教师的专业思想为其专业发展提供了理性支点和精神内核，对大学英语教师成长为一名教育教学专业工作者有着重要的影响。

客观来说，教育专业思想是动态发展的，是不断演变的。因此，每一位大学英语教师都必须不断地总结教育教学实践，以此形成符合自身发展特点的、体现个人风格的教育专业理念、专业思想。在不断发展变化的现代社会中，大学英语教师应该树立终身学习的观念，促进自身专业思想与时代的发展要求接轨。

二、大学英语教师的专业能力

（一）专业决策能力

由于我国的科学教育教学理念和行为相较于西方形成较晚，因此长期以来我国教育教学的方式、方法和策略基本上处于向西方学习的状态，受国外教学理论的影响较大。

教学方式、方法和策略的具体实施都不能忽视外在客观条件的影响。师生空间关系、人际关系、课堂管理等方面都需要做出相应的教学对策，因此课堂组织管理方式和网络多媒体的使用也被纳入教学研究的范畴内。这对大学英语教师的教学设计和差异化教学能力提出了更高的要求。面对水平参差不齐的学生，大学英语教师需要以合理的教学理念和教学逻辑进行应对，因此各种教学模式和教学策略不断涌现。新的教学理念开始从实践的层面对传统的教学实践方式产生冲击。以学生学习为主的教学理念在科学技术的支撑下慢慢从理念层面走入具体的实践活动中，在提升学生学习参与度、改变大学英语教师角色、提高教学活动有效性等方面发挥优势，并能够在一定程度上解决教学问题和学生学习水平差异的问题。

（二）教学互动能力

互动研究从人们的面对面互动交流入手，对引起人们互动以及对互动过程产生影响的主观因素予以关注。符号互动论属于微观层面的社会学研究，倾向于将社会结构归为个体成员间相互理解和行动的结果，关注人际交往过程中人对客体赋予主观意义及做出的反应。

符号互动论（Symbolic Interactionism）又被译为"象征互动论"。符号作为该理论的核心概念，一般指一切能够表征意义且被社会成员所公认的事物，如语言、物品、场景等。符号互动论的思想一般认为是源自实用主义思想中对于符号重要性的关注。

大卫·H.哈格里夫斯（David H.Hargreaves）在符号互动论的理论视角下，对教学中的师生互动和师生关系进行了深入的研究。哈格里夫斯在 Interpersonal Relationsand Education 中以符号互动论为理论依据，首先对人际理解（perceiving people）进行了深入的分析，并以筛选（selector）作为核心概念建立了一个完整的人际理解框架。然后哈格里夫斯在此框架下从角色、互动和团体三个角度对教育中师生间的人际互动进行了详细的分析。哈格里夫斯的研究对符号互动论在教育教学中的应用非常具有启发意义，特别是他对纪律以及大学英语教师和学生团体之间关系的研究。他认为大学英语教师对"群体动态"（group dynamics）进行分析是应该具备的能力，这有助于大学英语教师超越以班级为单位的名义分组来理解学生团体，也有助于提升大学英语教师对学生团体的敏感性。

兰德尔·柯林斯是美国当代著名社会学家，《互动仪式链》是其在多年研究的基础上推出的一部理论著作。正如其书名所表达，"互动仪式链"提出了试图将微观社会学和宏观社会学相联系的理论。柯林斯的互动仪式链理论关注微观情境中经由个体而形成的际遇，关注在情境中的人的互动，进而对其在不断的互动过程中所形成的社会关联或者网络进行研究。在教学活动中，师生间的面对面互动构成了教学活动中的一个个微观情境，大学英语教师是能动的个体，对其在情境中的教学行动进行研究，有助于我们对大学英语教师在教学中的行动方式以及师生关系建构进行理解。

兰德尔·柯林斯的互动仪式链认为情感连带能形成共同意义符号，加深并延长行动间的共同意义建构。大学英语教师通过自身教学行动增加学生对学习过程的投入度并引起其积极情感，可以有效增加学生对学习活动的认同感，有助于师生之间良好关系的形成。教学行动作为一项复杂的连续性社会行动，应从由一个个微观情境所构成的具有连续性的情境连续体的角度来对其进行研究。因此，柯林斯的互动仪式链理论为我们研究大学英语教师的教学行动提供了一个有效的理论分析框架，有助于我们从课堂的连续活动中对大学英语教师的教学行动有一个相对完整的理解和解释。

柯林斯将局部相关联的微观情境及其相互连接的动力机制称为"互动仪式链"，其中起到重要中介和能量作用的是群体成员间的共享符号、身份认同、情感能量。柯林斯认为这些是使仪式结构在"链条"上可以持续发展的资本。教学互动中的师生关系是一种动态的相互作用关系，大学英语教师与学生在对共同的学习活动所进行的资本、共享符号和情感能量的投入，有助于师生在交往互动中形成良好的关系，促进共同关注焦点的形成和情感能量的积累，并能保证教学目标的实现，促进共同发展。

英语教学活动中，英语教师和学生居于不同的地位，由于师生互动属于异质性互动过程，因此作为教学互动成员的大学英语教师所秉承的教育教学理念对其教学行动有一定的影响。一个秉承学习型理念的大学英语教师势必在教学活动中进行师生间的角色关系建构，也会在教学情境的不断变化发展中调整行动方式，形成教学中的仪式链。

（三）教学反思能力

正如阿尔弗雷德·许茨（Alfred Schutz）在《社会世界的意义建构》中认为，如果行动只是朝向行动对象，这是没有意义的行动。只有在反思中将行动所获得的知识转变为经验，行动才会变得有意义。反思性不仅仅是一种属性，而且还是行动的内容。反思不论是个人层面还是行动的模式化层面，都是对已经发生的事件进行检视的过程和结果。对于大学英语教师的专业能力，一般有两种认知倾向和争论：到底大学英语教师是作为"技术熟练者"还是"反思性实践者"的身份存在于教学专业活动中。对大学英语教师专业属性的明确定义以及相对应的专业角色的定位,对大学英语教师的专业发展有重要意义。

　　大学英语教师专业发展一直是教学研究中的关注点,但是从相关的研究内容来看,研究的侧重点基本上都在探讨大学英语教师某种教学素养和能力的养成。自我反思是大学英语教师作为专业教学人员所应该具备的一项重要能力。大学英语教师通过对从不同教学情境中所获得的经验进行反思,可以有效地促进自我发展。有效的专业反思需要大学英语教师深入理解反思性教学的实际内涵,对大学英语教师来说,反思应该是由一系列的批判性思维活动所构成的循环,并不断地通过反思来指导教学事件,这样有助于大学英语教师成为自身教学活动的评估者。大学英语教师反思性教学能力的发展涉及对教学实践经验的学习以及对各种资源的利用。行动学习是指大学英语教师在教学行动中通过对教学现场的理解并结合自身经验而进行决策的能力,与大学英语教师专业能力发展息息相关。行动学习作为大学英语教师现场式学习的一种有效途径,可以有效促进大学英语教师的多维专业能力发展,提高大学英语教师的批判性教学反思能力。

第二节　基于移动网络的大学英语教师职业能力的新要求

一、大学英语教师专业面临的挑战

　　从独立院校英语专业设置来看,为解决大学生就业和企业招聘问题,英语专业教学模式日益向应用型专业型靠拢,院校之间的竞争将回归到办学特色和办学实力上,大学改革办学方向朝应用型专业型道路发展刻不容缓。英语专业课程,特别是大学英语专业课程也面临着相当大的挑战。由于当代学生课业繁重,课时学分被压缩,英语专业没有受到足够重视,因此专业教师向心力及教学动力不足。此外,学校不能为学生提供相应的实践机会,学生只能在教室里接受教师所授知识,不能真正扎根岗位,充分运用专业知识,导致本专业学生毕业以后只有理论知识,缺乏实践能力,造成只能写不能说的尴尬局面。

　　从大学英语专业师资队伍来看,英语专业师资力量薄弱,教师年龄结构略显失衡,青年教师占比过大,且流动性太强,"传帮带"教师成长体系不完善,学生刚适应一位教师,就出现教师离职换新教师的情况;教师队伍的年龄、知识、职称等结构不够合理,助教过多,讲师与副教授过少;在扩招任务和提高教学质量的双重压力下,大学教师队伍的年龄结构呈现出"两头大、中间小"的哑铃状分布,年龄结构欠合理。此外,三本院校和公办二本院校已经统一被称为本科二批院校,但是三本院校的生源与教师水平及教师待遇与公办院校依然存在较大的差异,有很大的提升空间。要想彻底转型,还有很长的路要走。

从时代发展与教师成长来看,教师多采用传统教学方式,而学生又处于快速发展、创新多变的时代,许多教师对当下的数字化教学缺乏经验与创新;教师除教学之外,工作量较大,打磨课件、研究课堂设计、增加课堂趣味性的精力分配不足,线下线上融合度与创新力亟待提升。提升大数据和人工智能,学生学习和教师引导中存在的问题更容易被发现,数字技术手段能够帮助教师及时改进教学,为教师提供更丰富的教学资源。在安心进行学术研究、提升科研能力的同时,如何紧随时代变化,在以大数据、人工智能为代表的数字化背景下及时更新升级知识体系及信息化素养、精进教学能力和创新能力,成为大学教师面临的一大挑战。

大学英语专业教师在转型发展与能力提升方面也面临诸多问题,如教师自身能力提升意识不强、高校培养培训机制不完善、转型空间和渠道受限、经济水平影响较大等。对教师个体而言,如何高效结合线上教学经验,创新教学方法,实现专业实践能力和教学能力双提升,成为符合高校转型需求的双师双能型教师,是在新时代新常态下值得思考的问题。教师坚持与时俱进显得尤为重要。

通过分析数字化背景下大学英语专业教师转型过程中遇到的问题,提出有效的途径和应对策略,旨在促进教师教育可持续发展。

二、大学英语教师专业发展方向的把握

(一)从社会出发

近年来,社会把中小学教育及"双一流"高校作为教育主流,国家及社会高度重视中小学生及"双一流"高校大学生的全面发展,从而忽略了普通高校大学生的学习状态及发展趋势。疫情期间企业经营困难,就业机会锐减;大学生由于缺乏自控能力及对本专业的认知能力,只有少数学生能成功获取专业证书及就业所需要的资格证书,因此在就业过程中毫无优势,导致新生对自身学历及能力产生怀疑,最终形成恶性循环。

对社会而言,应投入更多精力在大学生的身心发展及专业认知能力提升上。高校应开设职业技能实训课程,让学生在校期间了解工作中可能遇到的挑战。比如,为学生开办讲座和专业相关比赛,设置奖项,让学生意识到专业证书在就业过程中的重要性;加大补贴力度,比如持学生证、教师资格证者省内每月免费游玩一次。

（二）从学校出发

近年来,各高校大力开设特色选修课和公共课,英语专业课也开始为其他选修课和公共课让步。教师为了完成课业,只能压缩课时,导致课堂趣味性不足,学生上课状态不佳,开始敷衍完成任务,对英语专业重视度降低,导致教师上课状态也受到影响,增加了教师的工作压力。因此,在凸显办学特色的基础上,重视本专业英语课,增加课时,提升趣味性尤其重要。英语专业实训课是不错的选择,既能满足教师上课的学时要求,又能提升学生对英语专业的信心及兴趣,教师和学生都能走出教室,边学边实践。

学校应从教师的利益出发,给足教师安全感,提高教师待遇。例如,增加课时费,减少基础课时,适当在教师节等节假日给予礼品奖励,让教师充满斗志,拥有提高质量的动力,对教学事业充满信心;或者适当为教师提供兼职机会,让教师带领学生走出课堂,走近生活与自然。总之,只有立足于根本,立足于教师和学生,转型才能又快又稳。

（三）从教师出发

教师应丰富自身的专业知识,在教学中不断学习新知识。教师也应该多了解高科技教学手段,熟练运用各种线上线下教学软件。新时期,学校设备及电子教学设施日益更新,很多教师不能与时俱进,仍保持传统的教学方式，因不熟悉教学设备而耽误了教学进度。而运用腾讯会议、钉钉直播、多媒体—白板一体化屏幕、腾讯课堂等，教师的角色可以由原来课堂的主导者转变为学生学习的引导者、组织者、参与者和帮助者。

教师在教学过程中应将理论与实践结合，除了讲授课堂知识外，也应提升学生的专业能力。例如，关于口语的学习，除了讲授语言技巧外，更应注重学生的实践，安排相应的口语大赛、辩论赛、演讲比赛；利用口语练习软件，布置口语作业，如 FIF 口语训练系统、流利说等，学生对此类教学软件并不抗拒。

教师应提升自身的心理素质，调整心态，以更温和的态度面对学生。一些英语专业学生专业知识并不牢固，自控能力较差，课堂纪律需要教师不停维护，这会浪费大量的课堂时间。此外，学生词汇量不足，导致课堂教学不顺利，大量时间用于解释单词、记忆单词上，课堂效率大打折扣。

此外，采用翻转课堂的方法可以为英语课程带来更多创新。这种方法强调录制教学视频，鼓励学生积极参与，并且可以让他们在交流中分享自己的学习成果，从而不断积累学习经验，进一步提升教学质量。翻转课堂在充分发挥学生主观能动性的前提下，使学生从被动接受知识转变为主动探索知识，这是一种有效的课堂教学模式。同样，如果没有教师的必要指导，翻转课堂也会变成自学，失去集体教学的优越性。

经济全球化让英语专业焕发生机。社会越来越需要实践型、应用型人才，因此应更加重视高校的发展与转型，更加重视学生的专业技能培养与实践能力提升。高校需要立足于学生教育，立足于教师水平与教师待遇，立足于高校进行创新改革。此外，后疫情时代，教师毫无疑问面临更大的挑战和压力，教师在完成教学任务的同时需要兼顾培养本专业特别是英语专业学生在就业中所需的实践能力，让学生能更好地将理论与实践相结合。

第三节　基于移动网络的大学英语教师 职业能力发展的实践策略

一、完善知识体系,强化数据与信息素养

基于移动网络的时代背景,为了有效符合学生对多样化以及个性化知识的需要,要求大学英语教师不断提升自己,增加自身的知识储备积累,完善其知识体系,不但应该掌握英语学科的基础知识,还应该积极学习和英语学科有关的多个学科知识,并且还要能够充分把这些所学知识引入大学英语课堂教学中。大学英语教师只有拥有丰富的知识,才能更好地传授英语知识,才可以为学生营造出丰富有趣的英语课堂氛围,从而全面发挥自己的职业能力和价值。伴随着互联网以及信息技术的普及和应用,大学英语教师还应该具有相应的信息收集、分析以及整合的能力,这样才可以有效地利用互联网时代的信息技术来代替人力劳动,同时还能及时获取比较精准和先进的信息数据,从而高效地实现教学目标。在大数据时代,大学英语教师应该具备较强的信息意识以及数据素养,这样不但可以拓展学生的批判性思维,还能加强和学生之间的沟通与合作,促使其信息处理能力等得到可持续发展,这对其自身职业能力的可持续发展也有着非常大的影响。

二、更新教学模式,转变教学方法

互联网的发展使学生与教师都能获得丰富的学习与教学资源。互联网中庞大的信息资源也使大部分学生无从选择。基于此,这就要求大学英语教师应该协助学生选取适用的信息资源,并且要在上课之前把有关资料分发给学生,如网络课程资源、微视频以及教学课件等,然后让学生进行自主学习,教师再对其困惑进行答疑。随着移动网络时代的发展,原来教学模式的界限彻底突破,为学生构建出数字化、智能化和信息化融合一体的学习环境,并且还通过微信以及移动互联网终端,构建

了多元化的学习互动环境,同时,也形成多样化的英语网络教学环境。教师通过该方式不但可以提升学生对英语的兴趣,还能进一步强化英语教学效果与质量。具备综合素养以及能力的大学英语教师,应明确自身职业定位,应向学习型和研究型综合发展,并强化自身教学技能,对学生采取针对性措施进行教学,从而提升教学质量。

三、转变教学理念与观念

基于移动网络的时代背景,使得教师与学生获得新知识以及信息的途径变得更加多样和便捷,促使学生可以随时随地通过电脑和手机等设备来完成自己的学习任务,这也在很大程度上导致课堂不再是唯一获取知识的渠道,使得教师不再是知识来源的唯一方式。伴随移动网络时代的发展,教学形式也逐渐发生了变化,由原来教师单方面教学转变成如今学生自主学习、合作学习以及个性化的学习方式,这是现如今大学英语的普遍学习方式。在网络资源以及信息技术的普及下,大学英语的教学方法也发生了很大变化,开始出现合作式教学、任务式教学以及项目式教学等多种创新性教学方法,彻底改变了"教"和"学"的形式,促使教学方法转变成以引导学生为主,使学生主动加入学习中。在移动网络时代背景下,出现了众多学习平台,如微课、翻转课堂和移动学习平台等。在这一背景下,大学英语教师需坚持教学设计为主、知识传授为辅的教学理念,积极转变自身角色,将学生放在主体地位,教师对其积极引导和协助。虽然在该教学理念下,教师的主体地位被取代,但是他们对学生的学习还是起着非常重要的促进作用。同时,大学英语教师也应全面掌握现代信息技术,通过该技术为学生创造出数字化以及信息化的教学环境,并通过微信和移动网络等实现多元化互动教学,提升学生获取资源以及利用资源的能力。

四、改进教学设计和评价

为了适应移动网络时代背景对教育变革的要求,大学英语教师需积极学习先进的信息技术以及互联网技术,努力拓展信息化教学实践以及设计,从而丰富大学英语教学内容,创新教学形式,强化英语教师的信息化教学能力,以便符合当前学生的个性化需求,提升学生的学习质量。大数据背景下的教学评价有助于大学英语教师弥补传统依靠纸质试卷进行评价的缺陷。教师通过对移动互联网终端的使用,将在很大程度上能够掌握学生的资源使用状况以及作业提交状况和课堂互动状况,对这些信息进行收集并实行量化处理,将其作为学生成绩评价的重要指标。英语教师通过对这些数据进行分析,将会及时发现学生在学习中的缺陷,进而更好地提升学生的学习效率,改变传统评价体系的弊端,对学生作出客观评价。由于网络平台以及大数据的跟踪评价,对英语教师的教学评价进行了创新,这将极大地完善英语教学评价体系。教师通过开展数字化的课堂教学,有利于了解学生的学习状况,并且通过课堂单元以及学期单元的形式,对学生的学习过程数据进行分析。教师可以依照这些分析结果及时对教学中的不足之处进行反思,以此来提高教学质量。

五、建立智能化教学管理及服务体系,优化教师发展机制

"互联网 + 教育"不仅实现了课堂教学模式的创新发展,也是一种创新型的学习方式,该方式是在教师、IT 专家以及摄影师等众多专业人士的努力下形成的。基于移动网络时代背景,教育管理部门以及学校都应该全面运用互联网信息技术构建出智能化的教学管理体系,促使大学英语教师的职业能力得到提高,并对其激励制度以及良性发展制度进行创新,应鼓励大学英语教师进行专业化分工与团队配合,从而为其职业的可持续发展创建一个可循环发展的教育环境。对此,我国高校只有制定出大学英语教师职业可持续发展的循环制度,才能有效提高大学英语教师的职业技能水平,促使其进行自我提升,积极取得进步。高校只有打造出优秀的教师团队以及教学管理队伍,才能提升大学英语教学质量。

六、促进教师整体思想政治素养的提升

《国家教育事业发展"十三五"规划》中将"教师队伍素质和结构不能适应提升质量与促进公平的新要求"列为我国教育中现存的突出问题之一,明确将国家意识融入英语教师发展的规划中,这样改革的方向、目标、内容都瞬间明了。英语教师发展研究应随新形势认真反思、积

极探索,过程一定是充满艰辛和挑战的,但植根于本土文化,教师有取之不尽、用之不竭的资源,其主观能动性将会得到充分发挥。互联网犹如一台功能强大的传播机,身为教师,要有思想意识的敏感性,捕捉到讲授内容里的思政元素,将其有机地、巧妙地与课堂教学融合,达到"润物细无声"的效果。

在移动网络时代背景下,教育理念发生了重大变革,这对大学英语教师的能力也提出了更高的要求。基于此,大学英语教师需要积极满足高等教育以及社会的可持续发展的需求,主动转变教学理念,完善知识体系,努力提升自身的信息素养,转变传统的教学模式和方法,并对教学设计等进行全面创新,从而推动职业能力的可持续发展。与此同时,在互联网以及智能设备等技术的广泛普及下,还创造出了全新的教学模式,如微课教学模式以及翻转课堂教学模式,同时还可以通过微信以及移动网络、课堂平台等开展互动式教学,这将在很大程度上体现"互联网 + 教育"的最大作用,将互联网转变成服务于英语教学的重要手段,为其创造出全新的、良性的英语教育环境。最后,还构建出了智能化的教学服务管理系统,建立大学英语教师的激励制度以及良性发展制度,推动英语课程团队以及教师团队的合作发展,提升大学英语教师的教学质量,为新一轮英语教育变革奠定基础,为国家培养具有社会主义核心价值观、国际视野、民族自豪感、文化自信感和批判性思维的建设者和接班人。

第四节　基于移动网络的大学英语教师职业能力发展的评价机制

一、大学英语教师发展性评价的具体方式

(一)转变评价的思想观念

英语教师发展性评价制度的形成,需要一定的社会文化基础,如现代化的英语教师评价观念、教师合作文化、民主氛围等。只有学校领导转变思想观念,认识到英语教师发展性评价的重要意义,调动教育力

量、协调各方面的关系,才能真正实现发展性评价在教师专业发展中的重要作用。

(二)体现教师评价的学术标准

第一,学校应该着力构建具有学术性的发展性教师评价制度。建立发展性评价制度,将发展性评价纳入制度建设的轨道;重视评价过程的民主化,强调学术自由,避免过多的约束。第二,建立科学有效的奖惩评价机制。发展性评价与奖惩性评价应该相互结合,更好地促进教师专业发展。第三,构建职责分明的评价体系。

(三)建立适应性教师评价指标体系

教育教学活动的复杂性和评价参与者的复杂性,决定了教师评价指标体系的多层次、多维度和灵活性。为此,在对教师进行发展性评价时,重视评价者与被评价者之间的对话,在协商的基础上达成一定的共识,重视评价指标的构建性意义,从而使评价的结果更具有客观性,使被评价者获得正确的反馈信息,实现自身的不断改进和完善。

(四)重视教师评价能力的培训

对教师进行评价是一项专业性非常强的工作,它对评价者的观念、知识、技术有较高的要求。为此,高校应该将对教育教学评价相关理论的普及和能力的培养纳入教师培养方案中,制定针对不同评价主体的评价标准。

(五)提供必要的评价物质基础

高校教师发展性评价的制度、组织机构、规章制度、人才队伍、评价标准等的制定和实施,需要投入一定的时间和人力、物力,并且工作具有长期性。为保证评价工作的顺利进行,需要在教育教学经费管理中考虑这一内容。

二、基于移动网络的大学英语教师评价的创新手段——电子档案袋

教师电子档案袋综合评价法是以网络为载体,依托计算机技术与网络平台,通过使用多媒体技术展示教师的个人专业发展状况,并通过教师在制作电子档案袋过程中对自己的教科研实践与专业发展进行反思与分析,实现教师主动参与、自我反思、自主发展的综合评价方法。

以网络为载体的电子档案袋综合评价法能够记录高校英语教师学习共同体的发展轨迹,是教师进行反思的重要方法和途径,能够推进教师进行自我激励,不断促进专业能力和专业意识的提升,同时为教师学习共同体的构建提供一个更为开放的平台。通过设置内容模块、制定电子档案袋的操作流程与创建教师学习共同体电子档案袋评价的网络平台,实施教师电子档案袋综合评价。教师学习共同体电子档案袋评价平台主要包括表 6-1 中的内容模块。

表 6-1　教师学习共同体电子档案袋综合评价网络平台的内容模块

内容模块	具体信息
个人基本信息	姓名、性别、年龄、民族、职称教育背景、工作经历、研究方向等
个人学习情况	学习计划与总结、学习资源、研修或培训经历、读书笔记等
教学文档材料	教案、课件、教学日志、教学视频、教学计划与总结、学生作业与成果、学生试卷与评价材料等
教科研业绩	在教科研上所获得的奖励、荣誉、成果等
教科研材料	教科研项目申报与结项材料、教研成果(著作、论文、研究报告等)、相关研究文献资料等
各种评价信息	教师自我评价信息、学生网上评价信息、同行评价信息、专家评价信息等
个人反思	基于网络日志对课堂教学与教科研活动的认识与反思
总的反思与评价	对制作电子档案袋与教师专业发展整个过程的反思与评价

第七章

基于移动网络的大学英语教学的创新融合

在推动高等教育教学改革的过程之中，许多学者开始积极地将课程思政理论、生态理论、ESP 理论、中华优秀传统文化教育融入主题教学环节之中，不断地采取创新的教学手段，积极推动教学资源的优化利用。课程思政教学、生态教学、ESP 教学、中华优秀传统文化融入符合时代发展的要求，能够提高学生的综合素养，实现人才培养目标与时代发展之间的紧密联系和互动。对此，本章以大学英语教学为中心，具体分析该学科教学改革与课程思政教学、生态教学、ESP 教学、中华优秀文化融合的相关策略，以期为促进我国大学英语教育质量和水平的提升提供一定的借鉴。

第一节　基于移动网络的大学英语课程思政建设

　　基于当前社会发展的新形势、教育发展的新任务以及学生思想的新变化,大学生英语也需要在具体的教学过程中融入新的教育理念和教育方法,并深入挖掘英语知识中所蕴含的思想政治元素,确保学生在学习英语、提升英语能力的同时形成良好的道德素养及人格品质,而学生也会通过对英语知识中所展现出来的东西方文化差异的对比分析,强化对中国优秀传统文化的认同,从而树立起文化自信,实现立德树人。因此,构建大学英语思政教育格局既是英语教学改革的内在要求,也是实现立德树人的重要途径。然而由于各种现实因素的影响,大学英语课程思政建设与教育在具体的实施过程中显露出了很多深层次问题,需要教师加大重视力度,并通过多措并举予以解决。

一、课程思政的内涵

　　从本质上分析,课程思政就是将思想政治教育与学科进行深度的融合,通过挖掘和利用学科中蕴含的思想政治元素来进行对学生综合素质的全面培养。这是新的教育环境中形成的一种全过程培育全面人才的教育格局,是一种体现创新育人理念、育人思维的课程观。这对学生身心的健康、社会主义核心价值观的树立与践行都有着积极的推动和保障作用。课程思政有着以下明显特征:首先,思想价值引领性。这是课程思政的基本特征。思想政治领域工作的开展就是从思想层面对受教育者进行思想上、政治上的教育,以此来引领受教育者思想的健康发展,帮助其树立正确的人生观、价值观、世界观。其次,连续性和隐蔽性。这是因为不同的课程、不同的章节中所表现出来的思想政治内容是不同的,教师要根据具体的教学内容和目标去挖掘隐藏的思想政治因子,使章节或单元之间的思想政治构建成一个连续的、科学的课程思政体系,一步一步地渗透到课程教学中,是一个连贯性的状态。同时,课程思政的主体还是课程本身的内容,只不过是教师在教学中挖掘了一些内含的思想政治观念、元素等,让学生在不经意间就能接收到正确的思想价值观,在潜移默化中实现思想政治教育的目的。

二、大学英语课程思政建设的意义

英语是跨文化交流的重要工具,通过学习,一方面,学生可以熟练运用英语实现交流与沟通,尤其是大学生面临着严峻的就业形势,具备良好的英语能力可以帮助学生在择业就业时有更多的选择权,在工作中也会有更突出的业绩表现。另一方面,英语所处的文化背景、时代背景以及社会制度等是不同的,学生透过英语知识可以看到不同的世界、接触到不同的文化,无形中就拓宽了学生的视野,对世界有了更加全面的认知。 但是英语反映的社会制度以及宣扬的观念、意识形态与本土有着本质性的区别,大学生在接触的同时也会在思想上受到一定的影响,若是不及时做出正确的引导,会影响学生的发展,乃至国家的发展。因此充分挖掘英语中蕴含的思政元素、实施课程思政教育是必然的,有着极大的现实意义。

(一)优化英语育人效果

英语教学最基本的功能就是"育人",教师基于教学实际以及学生需求设计和实施英语教学活动的最终目的就是让学生掌握并熟练运用英语知识和技能,提升学生对现代社会的适应能力。但鉴于英语学科的特殊属性,教师在教学中为了确保学生思想意识形态的正确性,在"三全育人"模式下开展了课程思政教育。 通过其中蕴含的思政元素、哲学文化等帮助学生在学习知识的同时形成正确的三观,引导思想的正确发展,以此来培养学生的英语人文素养。这既能弥补英语教学的短板,优化英语育人效果,也能进一步满足英语教学深化改革的需求。

（二）夯实课程思政阵地

英语具有工具性和人文性特点。英语的发展都是根源于它所处的文化环境、人文环境,这些英语文化也会随着英语知识的传播而传播。通常在讲解某个知识点的时候,为了让学生深刻了解,教师也会引入一些英语的文化背景或者讲述一个文化故事等,但这样会加剧学生对外来文化的好奇心,从而忽略了本土文化,一定程度上会扭曲学生的思想。而实施英语课程思政教育能进一步拓展课程思政的深度和广度,并引导学生正确认识、理解中外文化,进而在坚守民族信仰、文化自信的基础上正确地分析、辨别和利用西方文化,由此依托英语课程夯实思想政治教育阵地,让学生实现全面发展。

三、大学英语课程思政教育存在的问题

（一）缺乏课程思政的实践意识

任何一门学科都含有大量的思政元素,英语也不例外,但这些思想政治元素会因为各种问题而没有被充分挖掘和利用起来。一方面,在具体教学中教师需要在既定的时间内完成大量的教学目标和教学内容,在挖掘学科思政元素时也不会过于深入和全面,极易产生思政元素难以充分融入,或出现融入混乱性,从而影响了课程思政建设的实效性和有效性;另一方面,教师对课程思政的认识不到位,学生也会对思政元素缺乏系统、整体及细致的理解,进而与英语教学内容或者过程发生冲突,影响课程思政建设的整体质量。因此,整体而言,教师对课程思政的实践意识是比较薄弱的。

（二）缺乏学生主体的落实意识

课程思政建设是实现立德树人的有效载体,其本质就是围绕学生的需求开展系列活动,促进学生全面发展。这就意味着教师需要在教学中尊重学生、引导并鼓励学生积极参与教学活动,使其主体性得到充分的发挥,从而实现"教"与"学"的同步发展。但在课程思政建设的具体实践中,以学生为本落实并不彻底,基本上就是教师整堂课都在讲,学生几乎不能参与进去,导致课程思政元素挖掘与应用效率受到制约。比如,教师在挖掘和利用学科中的思政元素时没有考虑学生真实的思想状态和心理感受,而是依据经验或者自己的主观意识向学生灌输知识。学生在学习中得不到自己所需要的,就会对课堂产生一定的抵触情绪,这就造成了教育方向的偏离,从而不利于课程思政教育的深入开展及教育效果的提升。

（三）缺乏完善课程体系的指导

这主要体现在教学所依据的教材课程体系并不完善,大学英语教材中并没有涉及过多的思政内容,从而无法为课程思政教育创设条件。通常在教学中会使用统一的教材,并且教材内容在很长时期内不会做出调整,但整个社会环境是处于不断变化和发展状态中的,英语教学的发展、社会对英语人才的需求和要求也在变化。若是教材内容没有做出调整,教学以及学生对这种变化的适应性就会降低,加之课程思政理念从出台到实施的时间较短,目前还没有相对成熟和完善的教育材料予以支撑和辅助,因此课程思政实施起来较为困难,缺乏系统且科学的指导。

四、基于移动网络的大学英语课程思政建设的策略

（一）增强大学英语教师的"思政意识"

基于移动网络技术,为了可以将课程思政融入大学英语教学,应该从教师的角度着眼,对教师的教学观念进行转变,让教师认识到对大学生展开思政教育的意义,不断提升教师的思想政治素养,建设一支具备高素质的英语教师团队。

作为课程思政的实施者,大学教师本身应该具备较高的思想政治素质,并且不断提升自身思想政治教育的专业能力,为了提升这一能力,可以从如下几点着眼。

第一,学校应该为教师提供这一层面的培训,让教师不断提升思政教学意识,让教师对思想政治课的教材进行研读,深入理解英语这门课

程与思想政治教育课程之间的关联性。

第二,教师应该努力学习中国传统文化知识,在英语课堂引入中国传统文化,从而将英语文化与传统文化结合起来,提升学生对本土文化的自豪感。

第三,高校要不断对教师的课堂教学效果进行评比,鼓励落实思想政治课堂的政策,利用激励手段,促进教师认真钻研,从而为学生提供包含德育因素在内的高效的课堂。

(二)丰富大学英语教材的"思政内容"

教材是大学英语课堂的一项重要资源,是教师们展开教学的一项重要辅助手段,是学生进行英语学习的重要材料。对教材内容的编排非常重要,不仅要思考学生英语学习的效率,还需要考虑内容中渗透其他理念。为了不断提升大学英语课堂的思政功能,需要对大学英语教材的大纲进行调整,将思政元素融入其中,对教材内容加以丰富,将充满重要意义的思政要素与大学英语教材结合起来,在教材中凸显政治文化与中国良好的形象,从而在教学中帮助学生构建社会主义核心价值观。

在选择教材、安排课程的时候,教师需要将典型的政治、经济、文化元素融入其中,或者在英语练习中加入中西方文化交流的内容,通过中西方文化的对比与辨别,推进大学英语教学。例如,教师在为学生讲解西方传统节日的时候,可以先用英语介绍我们国家的一些节日,在具体教学中将思想政治文化内容引入,促进学生对比中西方的节日文化,加深对本国节日文化的了解,增强爱国主义情感。具体来说,可以从如下两点着眼。

1.重构教学内容,挖掘思政教育元素

多元重构,创造性使用教材。 课题组教师将教材内容划分为基础、通识、拓展三大板块;在教学过程中,尝试打破原有顺序,按照单元主题内容进行分类、重组,集中授课;寻找单元主题和进行思政教育的结合点,探究各类思政元素在教学全过程中的融入手段和方法,使课堂思政教育更具贴近性、互动性和共鸣性。另外,课题组教师以教研室为单位,每周教研,共享课程思政新资源,探究思政教育新思路。

2. 结合学习通平台，探索混合式课程思政路径

通过线上、线下授课时空的混合、信息技术使用的混合以及各种教学方法的混合，开辟"线下教学活动＋学习通平台资源建设＋移动 APP 终端自主学习"的多维立体课程思政路径。

（三）完善英语教学"课程思政"的教育模式

首先，教师要努力提升自身的思政水平，在英语课堂中融入思想政治的理念，从而让学生不断形成对我国社会主义核心价值观的认同。

其次，大学英语教师应该在实际工作中培养学生的高尚道德素养，提高学生的人文水平，为学生传递正确的价值观。

最后，在大学英语教学中，要深入分析和研究课程思政，研究大学英语课程思政的创新路径，挖掘大学英语课程思政的要素，创新教学手段，掌握课程思政的融入方式，引导学生在英语学习中不断提升语言水平，强化爱国主义情怀，培养正确的价值观、人生观。

五、基于移动网络的大学英语课程思政建设的内容

（一）大学英语课程思政建设的共性内容

（1）家国情怀：家国情怀既与行孝尽忠、民族精神、爱国主义、乡土观念、天下为公等传统文化有重要联系，又是对这些传统文化的超越。

（2）法治精神：可概括为依法治国、执法为民、公平正义、服务大局、党的领导五个方面。

（3）社会责任：在社会生活中对国家或社会需要承担的一定的使命、职责、义务。

（4）文化自信：一个民族、一个国家以及一个政党对自身文化价值的充分肯定和积极践行，并对其文化的生命力持有的坚定信心。

（5）人文素养：人文科学的研究能力与知识水平以及人文科学体现出来的以人为对象、以人为中心的精神——人的内在品质。

（6）职业精神：与人们的职业活动紧密联系，具有职业特征的精神

与操守,其实践内涵体现在敬业、勤业、创业、立业等方面。

（7）科学创新:创新是科学精神的本质和灵魂,坚持创新在我国现代化建设全局中的核心地位,把科技自立自强作为国家发展的战略支撑,深入实施科教兴国战略、人才强国战略、创新驱动发展战略,完善国家创新体系,加快建设科技强国。

（8）哲学思辨:在于具备反思性、辩证性、清晰性、创新性、开放性、包容性等特性。

（二）大学英语课程思政建设中具有时代特性的内容

（1）政治认同:包含对国家、政治制度、阶级、政党、政治理想、政策等方面的认同,国家的认同则是最基本的政治认同。对国家的认同既有对共同种族、共同地域这类情感层次上的认同,也有爱国心、民族自豪感这类情感层次上的认同,还有对国家法律制度、政策方针理解与赞成这类高层次上的认同。

（2）工匠精神:是职业道德、职业能力、职业品质的体现,是从业者的一种职业价值取向和行为表现。基本内涵包括敬业、精益、专注、创新等方面的内容。

（3）生态文明:是人类为保护和建设美好生态环境而取得的物质成果、精神成果和制度成果的总和,是贯穿于经济建设、政治建设、文化建设、社会建设全过程和各方面的系统工程,反映一个社会的文明进步状态。

（4）乡村振兴:民族要复兴,乡村必振兴,全面推进乡村振兴,这是"三农"工作重心的历史性转移。应加强理论阐释,将乡村振兴与社会主义本质、党的初心使命和脱贫攻坚的伟大实践结合起来,让学生深刻理解乡村振兴的丰富内涵和重大意义。

（5）健康中国:党的十九大提出"实施健康中国战略",它基于人民对美好生活的需求,旨在全面提高人民健康水平、促进人民健康发展,倡导健康文明生活方式,预防控制重大疾病。

（5）耕读教育:兼具劳动教育与文化教育的属性,具有树德、增智、强体、育美等综合性育人功能,在耕读教育中知农事、敬自然、勤四体、明道德、善思维、养雅趣,促进学生全面发展和成长。

（7）清廉文化:是中华传统美德,提倡廉洁自律,秉公办事,不徇私情,不谋私利,为人民服务,清白做人的精神。

（8）国家安全：国家政权、主权、统一和领土完整、人民福祉、经济社会可持续发展和国家其他重大利益相对处于没有危险和不受内外威胁的状态,以及保障持续安全状态的能力。

（三）大学英语课程思政建设中具有区域特性的内容

（1）特区精神：以爱国主义为核心的民族精神和以改革创新为核心的时代精神,敢闯敢试、敢为人先、埋头苦干的精神。

（2）海南自贸港精神：海南自贸港精神是一种年轻的"精神",也是正在形成中的精神,是大力解放思想、弘扬敢闯敢试、敢冒风险、勤劳勤奋和埋头苦干的精神。

（3）南繁精神：勇于创新、不断超越的精神,一代代南繁人以科技创新、艰苦创业为引领把论文写在大地上,是确保种业现代化的创业创新之举。

（4）琼崖革命精神：党在领导海南人民进行新民主主义革命斗争中形成的"二十三年红旗不倒"精神。其基本内涵是信念坚定,不屈不挠;自立自强,敢为人先;依靠群众,甘于奉献;五湖四海,丹心向党。

第二节　基于移动网络的大学英语生态课堂构建

一、生态课堂的内涵

生态课堂是从生态学的视角出发,对生态状态下的课堂加以研究的学科,其强调教师、学生、教学信息与组织、教学环境、教学平等等环节要实现和谐统一,是对师生关系、课程结构等进行的新型建构,是一种各个环节之间彼此联系与和谐共生的教学形态。

二、基于移动网络的大学英语生态课堂构建的策略

（一）加大经费投入力度，促进对英语教学硬件设施的维护与更新

大学英语教学硬件条件的好坏对教学活动的开展和教学效果的优劣有直接的影响。学校应加大资金投入力度，改善大学英语教学硬件条件，为学生提供良好的学习环境，提高学生的学习兴趣。

（二）提供各种书籍、期刊等丰富的学习资料

大学英语书籍、期刊等资料对学生学习英语知识起到关键的作用。为了让学生学习和了解更全面、新颖的大学英语信息，学校应丰富图书馆中的英语学习资料，确保英语学习资料的种类、数量和质量能满足学生的需求，营造浓郁的学习氛围。

（三）建立和谐的人际关系

大学英语教学中师生与生生之间建立和谐的人际关系对于营造良好的课堂氛围、优化教学环境及提高教学效率具有重要意义。具体来说，师生要从以下几方面努力建立、改善及维持关系。

第一，大学英语教师要与学生建立和谐关系，就要先对每个学生的英语基础、英语学习兴趣等加以了解，在英语课上针对不同学生的需要进行个性化教学，并尊重学生的个体差异，重视每一位学生的主体地位，平等对待每一位学生，积极调动学生在英语课上的学习热情与自觉性，鼓励学生参与到集体的英语教学活动中来，与学生建立亦师亦友的关系。

第二，大学英语教师在课堂上善于运用现代化教学手段与学生互动，如播放教学视频，与学生共同讨论视频中的动作，提醒学生应该注意哪些细节，并启发学生思考和提问，现场解决学生的疑问，这样不仅提升了学生的学习兴趣，也使师生互动交流的机会更多。

第三，大学英语教师在大学英语课堂教学中组织一些集体性的游戏或比赛，使学生以小组为单位参与活动，引导学生团结友爱，互帮互助，

相互配合,培养学生的集体主义精神与合作意识,使学生在合作中建立与巩固友谊,共同学习与进步。

(四)培养大学英语教师的信息化教学能力

在信息化英语教学中,不管是大学英语教师还是学生,都能迅速便捷地获取丰富的教学信息与资源,而且师生在这方面拥有均等的机会,学生获取学习信息的渠道增加了,而能够自主从移动网络上获取更多可靠的有帮助的重要学习资源。这种教学形式对大学英语教师的角色、作用及能力都提出了更高的要求,大学英语教师要主动适应信息化教学环境,树立信息化教学理念,学习信息化教学方法和手段,将这些理念、手段充分融入教学中,加快推进大学英语教学的现代化、信息化发展。这是时代的要求,也是大学英语教师自我发展和实现自我价值的要求。大学英语教师可以使用移动 APP 参与网络课程的开发设计、分析研究、辅导领航等,角色的多样性增强了大学英语教师的责任感和使命感,大学英语教师必须自觉提升自己的信息化教学素养和现代化教学能力,扮演好每一个角色,为学生学习提供最优质的服务。

第三节　基于移动网络的大学英语 ESP 教学实践

随着国际化交流的不断发展和深入,专业技术人员在专业领域内的跨文化交流能力越来越重要。培养具有较高专业技术水平以及英语应用水平的"专业 + 英语"的国际化复合型人才成为我国高等教育的新目标。专业英语教学对培养毕业生专业领域内的英语沟通及应用能力起着重要的作用。

ESP 是 English for Specific Purposes 的简称,中文翻译为"专门用途英语"。这一门学科起源于 20 世纪 60 年代,是建立在英语知识与专业需求基础上的应用型学科。在我国,当前很多院校兴起了大学英语 ESP 教学,因为其应用性极强,因此受到了各大高校的重视。

一、ESP 的内涵

（一）ESP 的定义

ESP 教学法全称为 "专门用途英语（English for Specific Purposes）"，它是指适应某一特定专业而使用的英语语言及教学。ESP 兴起于 20 世纪 60 年代，它以功能主义语言观为基础。在 20 世纪 60 年代以后，西方陆续出现了关于 ESP 理论的相关著作。韩礼德（1963）对 ESP 做出的定义为：服务于公务、警察、法官、医生、护士、农业学家、工程师和装配师等专门领域的英语用语。哈钦森和和沃特斯（1987）进一步丰富了 ESP 理论，将其划分为以学习学科知识为主要目的的学术英语（EAP）和以职业需求为主要目的的职业英语（EOP）。斯蒂文斯（Strevens，1988）在此基础上进一步明确了 ESP 理论的四个主要特征：（1）课程设置必须满足学生的特定需求；（2）学习内容必须与特定学科专业和职业相关；（3）词汇、句法和语篇与特定专业、职业的语言运用相符合；（4）与普通英语完全不同。20 世纪 70 年代，ESP 在我国逐渐受到关注，杨惠中（1978）将科技英语与普通英语进行区分，提出了专门用途英语的概念。张义斌（1985）将 ESP 理论与 EST 做出了对比，进一步明确了 ESP 理论运用的环境与条件。20 世纪 90 年代后，随着经济的对外开放与国际交流的需要，对于复合型人才的需求越发明显，ESP 教学法成了英语教学中的热点话题。然而，受制于我国特殊英语教材及教学资料的缺乏，以及特殊英语教育教学人才的短缺，将 ESP 理论应用于大学英语教学实践任重而道远。

（二）ESP 教学基本原理

ESP 教学法旨在以学生的专业、职业、兴趣为导向，进行特定学科的英语教学。根据克拉申 "情感过滤假说"，语言的学习受情感因素的影响较大。学生通常对于自己所选择的专业、职业具有较大的兴趣与较为深入的理解，在进行与本专业相关的二语学习时，对于语料、语境与教学素材均较为熟悉，能在一定程度上避免情感冲突。

ESP 教学法能够更好地将学生的专业学习与社会求职需求相联系，

帮助学生在夯实专业基础的同时,具备本专业双语交际能力,克服 EGP (English for general purpose 通用英语教学)所带来的"哑巴英语"现象。ESP 教学法主要实施阶段为大学阶段,本阶段学生经历过多年 EGP 教学,英语听说读写及语法基本素养已经养成,在此阶段的学生,通过 ESP 教学法,针对性地进行与本专业相关的词汇、对话训练,并阅读大量与本专业相关的学术材料,语言综合能力将会得到提高,学生也能更好地适应就业市场,满足市场对复合型人才的要求。

二、大学英语 ESP 教学的现状

在我国,ESP 教学法起步较晚,在实际教学中,存在着教师力量不稳定、教学资源匮乏等突出问题。根据韩平、朱万忠(2003)的相关调查,ESP 教学对教师的语言基本功与专业知识要求较高,许多高校教师在 ESP 实际教学过程中,存在着机械翻译、照本宣科的现象,未形成较为系统的教学体系。

一方面,长期以来,我国的英语教学以语法为中心,注重英语知识的讲解,在 ESP 教学过程中,与各专业实践的联系较弱。而在实际工作与应用中,英语作为国际交流的工具,与各专业的实践联系较为密切,学生不仅仅需要在释义层面理解英语,更需要结合专业背景,灵活运用英语进行沟通,辅助完成本专业的基本工作。

另一方面,ESP 教学的主要受众群体为大学生,该群体已经具备听、说、读、写、译等基本英语能力,但是在工作与实践中,除了掌握英语五大基本能力外,还需要进行英语演讲演说、撰写学术报告、查阅原版文献、开展科研实践、主持国际会议等。目前,我国大学生英语教学依然存在以四、六级考试为指挥棒,以语言基础知识教学为中心的现象,大学生英语应试能力较强,但在运用英语的过程中,存在专业英语词汇储备不足、口语表达不精准、专业性文本阅读障碍等问题,大学生将语言知识运用在专业领域的能力亟待提高。

三、大学英语 ESP 教学的创新与优化原则

（一）教学以需求分析为基础

大学英语 ESP 教学要建立在学习分析的基础上，其主要有如下两点表现。

第一，在设定教学目标时需要进行需求分析，要从社会与学生的需求出发，使培养出的学生不仅具备学术素养，还具有职业素养。

第二，教学内容的选择需要进行需求分析，在明确了目标之后，就需要对教学内容进行选择，教师要从本校的实际出发，对教材进行选择，因为教学内容主要体现在教材上。教学内容的选取需要遵循需求分析原则，应该从社会与学生需求着眼，采用恰当的手段展开目标情景分析。

（二）实现英语教学与专业教学相融合

为了推进大学英语 ESP 教学，应该在课程上保证英语学习与专业学习的结合，从单一的语言教学转向多学科英语教学，从而真正将语言学习融入具体专业中。换句话说，就是促进师生的教学相长，通过彼此之间的互动，实现知识的深度融合。并且，这种互动是双向的，学生能够通过与教师的平等交往，对大学英语 ESP 教学的内容有清楚的了解，并获得与自身相关的英语专业技能。

（三）遵循主体性原则

虽然大学英语 ESP 教学受到多个因素的影响，但是以学生为主体这一原则并未改变。也就是说，在大学英语 ESP 教学中，应该凸显学生的主体地位，对学生的不同特征有清楚的了解，将学生的内在潜能挖掘出来，调动他们学习的兴趣。

大学英语 ESP 教学主要是培养学生的实际运用能力。学生在教学活动中始终占据主体地位，教师也是为学生服务的。在具体的大学英语 ESP 教学中，教学的设计、教学策略的应用等都需要从学生的主体性上

考量,要能够将学生的主观能动性发挥出来,促进学生在知识、技能、情感等层面的发展。

（四）多元教学方法相整合

大学英语 ESP 教学具有多元性的特点,因此要实现英语教学与专业英语的结合,不仅要对传统的教学方法予以保留,还需要选取新的教学手段,真正做到教学方法的多样化。只有这样,才能将学生的兴趣和积极性激发出来。具体来说,主要从如下几点着眼。

第一,教学方法要具有针对性与多样性,丰富教学手段与形式,让学生多进行互动与反思。

第二,教师可以采用角色扮演、案例教学等具有特色的方法,引导学生参与到具体的实践之中。

第三,不同的学生,其学习需求与英语基础不同,因此教师可以采用个性教学或者分层教学。这就要求教师对学情有清楚的把握,然后对学生进行合理的分层,为他们制定相对应的教学目标,展开合理的教学评价。

四、基于移动网络的大学英语 ESP 教学实践的策略

（一）创新英语 ESP 教学的目标,完善教学设计

要想推进 ESP 教学改革,首先需要对教学目标加以创新,对教学设计进行完善,对教学内容加以确定。一般来说,教学内容往往是基于教学目标选择的。大学英语 ESP 教学是英语基本知识与专业知识的融合,因此教学内容分为两部分:一部分是学术知识,另外一部分是专业知识。前者指的是英语基础理论,后者指的是学科知识,二者有着紧密的联系。英语基础理论知识是学科知识的前提与基础,学科知识是基础理论知识的扩展。大学英语 ESP 教学就是要实现二者的融合。具体来说,可以从学生的实际情况出发,对课程加以设计,对传统的英语教学内容加以安排,并将专业知识融入普通教学之中,满足学生的实际需求。

在具体的大学英语教学中,应该采用渗透式教学与分层教学相结合

的模式,以利于学生适应不同的教学模式。两种教学模式相结合就是对大学四年的 ESP 教学的综合设定,即在大一、大二主要讲述基本的英语技能,同时渗透 ESP 教学的知识,到了大三可以设置 ESP 教学,并从不同的专业出发进行课程设计,这样才能促进不同学生的专业发展。

在教学活动的设计上,要注意英语语言与教学内容的融合,可以鼓励学生采用小组形式展开学习。合作学习强调对知识的建构,教师要在熟悉教学内容的层面上创设一定的情境,让学生在小组讨论中对专业内容进行积极的建构,从而不断提升学生的语言运用能力。其中情境的创设有助于学生明确学习目的,激发他们学习的兴趣和积极性,最终提升教与学的效果。

(二)充分利用空间,建立多元交互的英语 ESP 课程体系

在大学英语 ESP 教学中,要实现课程设置与教学风格的一致,这是基本的前提条件。因此,教师在大学英语 ESP 课程的设计中要付出努力,具体来说要注意如下两点。

第一,要将必修课与选修课充分利用起来。例如,当学生进入学校之后,可以进行摸底测试,测试学生是否可以直接接触 ESP 课程,并从学生的个人专业、自身水平出发,选择适合他们的专业英语。另外,可以从难易程度上对课程进行划分,简单的课程可以用作对必修课的补充,让学生在富裕的时间进行学习,难度较大的课程可以到了大三再学习,当然不同的高校要根据学生的实际情况自行安排。

第二,要建构多元交互的课程体系。这一体系主要基于通用英语教学,目的是对学生的基础知识加以巩固,并将 ESP 教学作为核心,目的是脱离传统的教学模式,让学生接触专业英语,并让学生学会将专业英语用到具体的实践之中。同时,设置跨文化交际课程,拓宽课程范围,对教学内容加以丰富,并基于基础英语、专业英语等,让学生运用移动网络对中西文化差异有清晰的了解,以培养学生的人文素养。

(三)利用互联网,拓展英语 ESP 学习的空间

随着互联网技术的进步与发展,学生获取知识的途径变得更为丰富,一些碎片化的学习机制也不断出现,这些变化对 ESP 教学有很大的

影响。

首先,要充分发挥互联网技术的作用。大学英语 ESP 教学主要是为了培养具备国际视野的专业英语人才,因此在教学中采用互联网技术,将慕课、微课等多种教学模式引入其中,有助于激发学生的学习兴趣,也便于丰富学生的学习内容。

其次,要营造学生学习的氛围,为学生拓宽学习的空间。教师可以为学生设置学习情境,让学生身临其境地感受,这样便于学生转变角色,以与专业需求相适应。

第四节　基于移动网络的大学英语教学与中华优秀传统文化的融合

一、大学英语教学与中华优秀传统文化融合的意义

(一)增强学生文化自信,提升跨文化交际能力

中国优秀的文化除了包括灿烂的传统文化,也包含社会主义先进文化和先进的科技文化等。在课程思政的背景下,大学英语课堂是培养学生文化自信和提升学生跨文化交际能力的重要阵地。将中国优秀的文化融入课堂中,扩大学生的文化视野,在中西方文化碰撞中培养学生的思辨能力。世界上的文化不存在高低强弱之分,培养学生的文化自信,不是盲目的文化自信或者自卑,而是能够取长补短,不断进步。这是大学英语课堂的使命和责任,而在此过程中,学生既可以加深对本国文化的理解,增强文化自信,又能够提升自己的跨文化交际能力。

(二)提升学生文化知识的表达能力

中国优秀的文化需要优秀的人才进行传承和传播,从而提升中国的

国际影响力,让更多的人了解和学习中华优秀传统文化。提升学生的文化知识表达能力,是文化元素融入大学英语课堂的必要性。但是,在大学英语教学中,存在严重的中华优秀传统文化失语现象,学生很难用英语来表达中国优秀的文化内容,如传统节日、民俗、建筑、名胜古迹等,类似的情况限制了中华优秀传统文化的传播和发展。所以培养学生文化知识的表达能力刻不容缓,让大学生能够利用英语表达中国优秀文化,能够真正拥有国际视野和文化素养,具有独立思考和表达的能力。

(三)有利于讲好中国故事

习近平总书记指出,要"讲好中国故事,传播好中国声音,增强在国际上的话语权"。青少年是中华民族未来的希望,使其能够培养讲好中国故事是全体教师的责任与义务。要想讲好中国故事,首先必须加深学生对中国传统文化的认识和理解,英语教师通过挖掘教材中合适的文本材料,在课堂中从各类视角、通过各种媒介不断地向学生展示从最基本的家乡文化到伟大的中华文明,使学生对中国传统文化充满兴趣,有更深刻的文化认识与积累,能够在日后与外国友人的交谈中用准确合适的目的语向他们传播中国故事,从中国故事的倾听者转换为中国故事的传播者。

(四)有利于传承和弘扬优秀的传统文化

现如今,学生大多数时间都投入紧张的学习之中,并且随着国家之间交流的日益频繁,各种各样的西方文化不断涌入,学生没有时间和机会去学习我国传统的优秀文化,从而导致我国优秀的传统文化得不到有效的传承和弘扬。而英语教学中传统文化的融入具有重要的意义,在实际的课堂教学过程中,教师根据教学的具体内容,合理地把一些传统文化知识讲解给学生,可以有效地加深学生对传统文化知识的了解,帮助学生更好地学习传统文化知识,进而提高他们的文化认同感,从而有效地促使传统文化得以弘扬和发展。

（五）体现中华优秀传统文化对英语学习正迁移的价值

母语对第二语言的学习存在影响。"英语学习活动观"指出，认知是一个从学习理解，到实践应用，再到迁移创新的过程。因此，英语教学中，学生学习了英语技能、知识和西方文化之后，在实践应用中加入中国传统文化因素，就是一种学习的迁移创新。在英语课程体系中融入中国传统文化可以极大地丰富教学资源，拓展英语应用的外延，加深其文化内涵，提高其语用价值，从而发挥母语文化对英语教学"正迁移"的作用。

二、大学英语教学与中华优秀传统文化融合的现状

（一）英语教材中本国文化内容缺失

翻阅大学英语教材可以发现，教材内容更多的是以学习目的语而设计，涉及很多目的语国家的文化知识，教材设计的目的是学好一门语言，需要充分透彻地理解一门语言背后的文化内涵。例如，我们学习用英语点餐，会用英语学习西方的餐桌文化、餐饮习惯和美食词汇；我们学习旅行指路相关的英语知识，在教材中会看到西方国家的著名旅游景点、名胜古迹等。这样的情况在很多教材中都有所体现，这使得学生对国外文化的了解可能会超过本国文化，造成了本国文化失语现象。我们本国文化在教材中缺失的情况，使得我们的学生在对自己国家文化内容的表达上非常欠缺，学生在书上并没有看到非常地道地表达自己国家文化的内容，而教师也由于书本上没有这样的内容，而没有及时补充进去相关的知识，久而久之，提升学生文化素养的使命越来越艰难。

（二）大学英语课堂人文性功能不足

大学英语课堂人文性功能发挥不足，英语学习依然是强调对语言本身技能的训练，从而忽视了语言学习具有培养学生文化素养和良好品质的功能。高校课堂较为重视对专业技能的提升，以服务学生就业为目的而设计课程内容。通常在学习英语方面，高校希望学生通过英语等级考

试、大学四六级考试具有较强的就业竞争力,重视语言学习的工具性,导致忽视语言课堂的人文作用。很多学生即使通过了考试,对中华优秀传统文化的表达依然非常欠缺。学好语言知识和技能是学习英语的基础,但是,语言学习也是为了了解更广阔的世界,加强跨文化知识的学习,能够讲述好自己国家的文化,传播中国故事。

(三)教师和学生文化素养有待提升

英语教师作为英语课堂传授文化知识的灵魂人物,自己并没有非常了解中华优秀传统文化知识,也就是他自身的文化素养存在不足。很多非常地道的表达方式,或者丰富多彩的文化知识,教师并不是非常了解,这使得教师在备课阶段或者在英语课堂上并不能及时补充恰当的中华优秀传统文化知识。而新时代的学生,每天每时每刻都在接收互联网上纷杂庞大的信息,他们有很多种方式和手段了解国外的文化,如动漫、音乐、电影、小说、短视频等。这样的情况使学生加深了对外国文化的了解,可能会造成学生盲目地喜爱西方文化,丧失了对中华优秀传统文化的学习兴趣,并且对本国文化产生了不自信的情况。另外,很多大学生的英语基础薄弱,用英语来表达中华优秀传统文化就更加困难。而如何顺势而为,利用庞大的移动网络资源使学生学习中华优秀传统文化是值得思考的事情。

(四)传统教学评价模式降低了学生学习文化知识的兴趣

大学英语教学评价依然采用传统的教学评价模式,即通过期中、期末考试来评定学生的学习情况,而考试试卷通常是以考查学生基础英语技能为主,即听、说、读、写、译等几个方面。也就是英语学习的重点依然是语言知识的输入,学生从小到大经历了很多次类似的考试。这样的考核模式,使得教师在课堂中的上课内容有所倾斜,没有文化考核内容,教师可能会减少或者不重视文化知识的传授,忽视了英语课堂的人文性和教育性功能。而学生也是面临同样的问题,如果课堂评价不涉及文化考核内容,很多学生学习英语可能只是为了拿到学分,学习文化知识的兴趣大大降低,也会造成学生忽视对母语文化的学习,丧失文化自信。

三、基于移动网络的大学英语教学与中华优秀传统文化的融合策略

文化作为语言的底座,使用语言进行交际,必然要涉及语言背后蕴含的各种文化知识,这就要求英语教师在课堂上有意识地采取多种有效教学方法向学生传授文化知识。为了增强学生的跨文化交际意识与能力,消除"中国文化失语"现象,下文将具体阐述如何在英语课堂上导入中国文化。

(一)在英语课堂上充分导入中华优秀传统文化

1.遵循适度与循序渐进原则,使语言教学与文化教学相互融合、相辅相成

语言是某一民族文化的表现形式,不了解该民族的文化就学不好该民族的语言。只注重语言形式和结构的英语教学教出来的学生能够很好地完成各种专项语言测试,但会缺乏进行跨文化交际的能力。课堂教学不管是偏重语言还是文化知识的教授,都无法发挥另一者的优势,因此教师要注意平衡两者在课堂教学中的比例,使语言教学与文化教学相互融合、相辅相成。

教师在教授听、说、读、写类型的语言技能时,文化内容的选择则需要根据课本内容来决定。英语教师在日常备课的过程中需要仔细筛选与课本内容相关度高的内容,保证课堂的完整性,并且需要合理控制时间,如果教授文化的时间比较长,很可能会导致本节课预设的教学目标无法达成。

教师在进行文化内容选择时不宜过易或过难。学生个体的身心发展具有一定的规律,这就要求教师必须适应学生身心发展的规律,做到由浅入深、由易到难、由具体到抽象、由低级到高级。教师所导入的文化内容应该与学生的接受水平和已有的文化水平相匹配。如果一开始就向学生介绍复杂的中医知识、历史知识、宗教文化等知识,学生不仅觉得难以接受、枯燥乏味,还会慢慢失去学习文化的兴趣与耐心。开始阶段,英语教师可以导入一些简单基础的、与学生日常生活相关的节日或饮食文化知识来吸引学生的注意力。

2. 注重中国文化输入，挖掘教材进行中西文化对比教学

不了解双方的文化异同，交际双方就很难做到真正有效的交流，甚至会导致交际失误或失败，所以了解彼此的文化是成功交际的前提。今天的英语教学不仅要教授学生目的语文化，还要教授中国文化知识，提高学生的母语文化素养，改善学生的"中国文化失语现象"，让学生能够在跨文化交际中向外传播中华优秀传统文化。

教师可以以教材为依托，首先仔细翻读教材，深入挖掘教材，对教材的资源进行拓展与丰富，在课堂上能够深入浅出地讲解文化知识。教师可以找出有文化差异的主题、单词、语句等，了解其背后蕴含的文化意义，让学生在对比这些单词与语句中了解中西方文化的差异，既可以提高学生学习英语的兴趣，又能拓宽学生的视野。

有对比才能有鉴别，将中西文化对比学习有利于学生了解文化差异，促进跨文化交际的顺利进行，使得中国文化能在世界范围内得到有效传播，在进行对比教学的过程中教师要始终保持客观与理性。

3. 设计文化主题活动，引导学生在文化熏陶中探究思考

在新的形势下，教师应该勇于尝试新的教学模式，真正落实"以学生为中心"，发挥学生的主观能动性。英语教师应该挣脱教材的束缚，善于借助各种线上资源与线下教学相结合，突破时空的限制，根据学生的年龄与特点巧妙地运用各种教学方式，大力探索与开展各种文化主题活动、文化交际活动，使学生在模拟的教学情境中沉浸式地感受与探索。

4. 深度挖掘教材中的传统文化元素，补充课程资源

教材是大学英语课堂教学内容的基础和核心，教师依靠教材内容备课，组织教学内容并教授给学生，学生则从教材中获取最基础的语言知识。一本优质的教材中，不应该仅有介绍优秀的西方文化知识的内容，也应该有介绍中华优秀传统文化的知识和跨文化交际的内容。让学生不但能够学到地道的语言知识，了解西方的先进文化，同时也能够了解中国灿烂的文明，增强学生的文化自信，有针对性地培养学生的跨文化交际思维，使其能够辩证地看待文化的不同，传播本国文化，真正地让中国传统文化走出去。但一本纸质教材的内容，无论再丰富，总是有内容篇幅的限制，无法将所有恰当的文化元素都体现在纸质书面上。这就

需要大学英语教师有较高的敏感度,充分了解整本教材的内容,并能够根据教学单元的内容,寻找适合的文化点,恰当地融入中国传统文化元素,既能达到语言输入的目的,也能让学生在课堂了解中华优秀传统文化知识。

中华优秀传统文化不但包括优秀的民族文化,也有丰富的地域文化。教师可以根据地域特色、学生的兴趣等,恰当地选取适合的地域文化内容教给学生。一方面,可以贴近学生的生活,提升学生的学习兴趣。另一方面,可以增强学生对本土地域文化的了解,提升文化自信。以浙江地区为例,可以把浙江特色饮食、西湖、建筑、戏曲、丝绸等元素融入课堂。另外,中华优秀传统文化是不断更新、不断发展的,所以教材中的文化内容不仅要涵盖中华优秀传统文化,也要与时俱进,结合时事热点内容,弘扬中国先进的科技文化、生态文化。由于授课对象是高校的学生,所以要针对性地培养学生大国工匠精神、创新精神、国际视野。

5. 第一课堂与第二课堂有机结合,积极开展文化实践活动

大学英语教学的课堂是第一课堂,是学生接收语言知识,训练语言技能的基础,也是教师培养学生跨文化意识和交际能力,传授中华优秀传统文化的主要阵地。而各种文化实践活动、特色选修课、慕课平台则为第二英语课堂,可以进一步加深学生对中华优秀传统文化的理解,拓宽学生的视野。在第一课堂中,教师应积极准备授课内容,加强文化知识与语言知识的结合,而不是单纯地输入文化内容。另外,教师可以积极引导学生进行中西方文化的对比,培养学生的辩证思维,尊重文化差异。例如,教师可以设置教学情境,让学生从字词句、对话、语篇中发现文化差异现象,学生也可以分析、讨论、辩论文化差异。鼓励学生积极开展交流活动,自己搜集相关资料,深入讨论文化内涵,辩证看待文化差异,既可以加深对本国文化的理解,也可以学习优秀的外国文化。大学英语课堂不仅要在课上积极融入文化元素,课后可以积极开展各种实践活动、选修课等第二课堂。将第一课堂与第二课堂相结合,可以尝试改变传统的教学模式,提升学生的学习兴趣。

6. 提升教师文化素养,师生共同进步

英语教师在英语课堂上扮演着重要的角色,它既是语言教学的组织者,又是文化传播的引导者。所以说,教师自身的文化素养水平对传统

文化的融入具有重要的影响。教师自身具有丰富的传统文化知识储备，并且具备较强的专业能力，就会采取有效的方式把传统文化合理地融入英语教学之中，进而丰富学生的文化知识，提高他们的文化素养。

但是，就目前英语教师文化素养的现状来看，部分教师的传统文化素养比较低，他们对传统文化知识了解很少，也缺乏传统文化教育的意识，从而也就不能够高效地开展英语教学活动。因此，英语教师要转变教育思想，重视传统文化在英语课堂的融入，在不断地提升学生专业素养的基础上，不断地提升自身的传统文化素养。具体提升措施如下：

首先，教师要树立起传统文化的教育观念，提升自身的传统文化意识，以便能够在以后的教学中有意识地把传统文化融入教学之中。

其次，教师要积极地利用课余时间进行传统文化的学习，利用移动网络或者相关的书籍收集中西文化的相关资料，通过不断的学习和内化，有效地提升自身的文化底蕴。

最后，教师也要积极地观摩优秀英语教师的传统文化教育活动，学习他们的教学经验，并结合自身教学的实际，有效地提升传统文化在英语教学中融入的效率。

在课堂学习过程中，学生应该成为和教师共同进步的思考者。教师可以组织学生进行各种情境的模拟，教学的课堂可以是采访会、座谈会、辩论会，学生也可以代入各种角色来加深对文化知识的理解。而在此过程中，教师也可以从学生的视角来体验更多的文化内涵，通过反思和学习来提升自己的文化素养。师生携手共进，充分了解文化知识，坚定文化自信，努力传播中华优秀传统文化，互相鼓励，共同进步。

7. 改变课堂评价模式，以提升学生文化素养为导向

传统的大学英语评价考核依然是对学生语言知识掌握程度的考核，对学生文化素养方面的考核是个需要突破的难点。传统的考核模式降低了学生对学习中华优秀传统文化知识的兴趣，也导致了教师在教学中对传授中华优秀传统文化知识的忽视，制约了学校对学生人文素养的培育。在考核中增加对中华优秀传统文化知识和跨文化知识的考核，增加对学生文化素养的考核，能够激发学生在英语学习中的积极性。

教师以及课程组需要思考的是考核的内容以及考核比例。在内容上，可以在考核单词、句子、翻译、阅读等方面，适当增加关于中国传统文化和新时代文化的考核内容。注重对学生人文素养的培育，可以考核

学生有关中华优秀传统文化口语方面的内容。另外,倡导以培养学生人文素养为导向的考核方式,注重对学生的过程性评价,结合信息化手段,如超星平台等线上平台,通过互相评价、教师评价、自我评价、研讨辩论等多元化的评价方式,综合考量学生文化素养的培育情况。

中国拥有优秀灿烂的文化,新时代的人才有责任和使命去传承优秀文化,弘扬传统文化。大学英语教学应兼具工具性和人文性,将中国优秀文化融入课堂中,培养学生的国际视野和跨文化意识,提高学生的人文素养,引导大学生坚定文化自信,树立正确的文化价值观,努力学习好文化知识,将中华优秀传统文化发扬光大。

8. 充分利用英语课堂开展文化活动

传统文化在英语教学的融入,仅仅依靠理论知识的讲解是不够的,还需要教师在课堂上开展多种多样的教学活动。这样不仅可以有效地创新传统文化的融入形式,激发学生的学习热情,而且还可以有效地提高英语课堂教学的效果。但是就目前英语课堂中传统文化的融入形势来看,一些教师过于重视理论性的融入,而不善于开展丰富多彩的活动,导致许多学生缺乏学习的积极性,从而影响了传统文化在课堂融入的效果。

因此,在开展英语教学时,教师要根据具体的教学内容以及课堂的具体目标,开展多种多样的课堂活动,通过课堂活动把传统文化融入教学之中,有效地调动学生的学习兴趣,进而提高传统文化的教学效果。例如,结合教学的具体内容,教师可以开展以传统文化为主题的英语竞赛活动。

(二)在英语教学中渗透中华优秀传统文化

1. 充分挖掘教材中传统文化因素

英语教材中包含的知识比较多,有很大一部分介绍了西方文化的知识,教师在实际的英语教学中,要充分挖掘这一部分知识,对其内容进行拓展,有效地把中国传统文化知识介绍给学生,并通过对比讲解法,帮助学生了解中西文化的差异,这不仅可以加深学生对传统文化的了解,而且可以激发学生的学习兴趣,丰富学生的文化储备。同时,英语课本中还蕴含着传统文化的内容,教师只有深入挖掘这些内容,并适当地进行拓展,才可以帮助学生更加了解传统文化的意义,以更好地弘扬和传承传统文化。

2. 在英语教学中融入中国传统文化

为促进传统文化在英语教学中的融入,教师应将其与日常教学进行密切结合,尝试从阅读教学、写作教学和口语教学等方面强化传统文化的渗透效果。

第一,在阅读教学中融入传统文化。近年来,虽然传统文化在英语教学中的融入成了必然趋势,但从英语教材的编排来看,其中涉及的中国传统文化的相关知识较少,导致学生即使进行了较长时间的英语学习,依然不能够利用英语进行传统文化的表达。而在英语阅读教学的开展过程中,教师可以趁机向学生展示一些与中国传统文化相关的英语文章,同时也可以对传统文化相关的用词进行补充。另外,传统文化与阅读教学进行结合的过程中,教师可以设计一些问题,让学生在有效的思考过程中,对英语文章中的句式以及用法较好的句子进行理解与记忆,这不仅能够不断丰富学生的英语知识储备,还能够为学生英语阅读能力和写作能力的提高奠基。阅读是大量信息输入、学生主动认知与思考的过程,能巩固语言知识、拓宽视野、提高文化素养、锻炼思辨能力。牛津英语教材缺乏中国传统文化的阅读素材,教师要在阅读教学中渗透中国传统文化,进一步开发、完善课程资源。一方面,可以进行话题相关"多文本拓展阅读"教学。基于教材挖掘中国传统文化因素,补充阅读材料。要精选或精编难易适中、语言规范的优质素材,使学生了解更多文化知识、提升阅读技能。另一方面,应鼓励学生进行有关中国传统文化的英语课外阅读。可以向学生推荐阅读书目、报刊、网站、公众号等资源,如《英语戏剧读本》《用英语介绍中国传统文化》、21 世纪英文报、bilibili 网站等。可布置写读后感、读后续写、记"阅读日志"、阅读分享等反馈任务。教师要有意识地引导学生在阅读过程中进行中西文化的比较互鉴,使学生正确看待文化差异,形成正确的文化观和坚定的民族文化自信。

第二,在英语写作教学中融入中国传统文化。目前,基于教材的英语写作教学中很少接触中国传统文化,学生久而久之自然会形成"中华优秀传统文化失语症"。开展基于中国传统文化的英语写作教学,可以丰富教学内涵、激发学习兴趣和文化自豪感、提高写作技能。传统文化主题写作促使学生自主地查阅资料、运用英语知识和技能,达成了"用英语传播中华优秀传统文化、讲好中国故事"的教学目标,实现了"在实践中迁移创新"的能力培养要求。在实际教学中,教师要坚定理念、善于发现、大胆创新、敢于尝试,将传统文化写作作为常态化教学活动,不断提高学生的文化和语言素养。例如,以"Keep Oilpaper Umbrella Alive, My family rules, Chinese idioms———Plugging Ears While Stealing a Bell"等主题开展写作教学。写作教学是英语教学的重要课型,在英语教学中有十分重要的作用,所以教师在写作教学的过程中,也可以尝试将传统文化融入其中。传统文化与英语教学的结合,并不是为了让学生排斥西方的文化,而是让学生在对西方文化知识加以掌握的同时,进一步深化对我国优秀传统文化的理解与掌握,并增强学生的文化自信。教师在对英语写作题目进行设计的过程中,应对传统文化进行充分考虑,这样学生在进行写作的过程中,能够对自身的文化基础进行反思,并逐渐对传统文化形成更多感悟,达到对文化的情感升华目的。在具体写作训练中,教师应积极引入创新的教学形式,以促进学生对语言知识的持续积累。此外,对于学生喜欢的中文文章,教师还可以鼓励学生用英语来翻译,以此来提升学生英语翻译的水平。

第三,在英语口语交际教学中融入中国传统文化。口语交际是英语技能在真实情境中应用的重要体现。 教师要积极开发课程资源,努力创设教学条件,在口语交际教学中渗透中国传统文化。例如,将《狐假虎威》《孟母三迁》《亡羊补牢》等文化经典故事开发成口语交际的课程资源,以讲故事、课本剧等形式,让学生在真实情境中感悟中华优秀传统文化哲理,同时不断提升英语口语交际能力。在 Daily report 活动中融入中国传统文化也是有效的教学策略。学生接收任务后,需自主进行计划、选材、构思、撰写、口语练习、PPT 制作等系列学习活动,这将极大地促进学生综合语言运用能力的提升。 Daily report 的活动资源很丰富,如中国谚语、成语、神话、故事、特色小吃、传统技艺、传统节日、风俗习惯等。

3. 在英语课后活动中融入中国传统文化

据调查,对于中国传统文化的教学,教师普遍反映存在课时少、精力不足的现象。"双减"政策实施后,"课后延时服务活动"给中国传统文化的教学提供了充足的时间和空间。教师要利用此平台,大力推行中国传统文化教学,开展形式多样、扎实有效的课后活动,如英语写作、英语阅读、英语演讲、英语讲故事、英语剧、英语画报、英语配音等。

中国传统文化是中华民族的文化瑰宝,教育承载了对其传承和发扬的使命。英语教学中应坚持弘扬中国传统文化,注重中华文明和西方文明互鉴,激发学生对中国传统文化的学习热情,培养其用英语讲好中国传统文化的意识和能力。

传统文化的融入工作不应该局限于课堂之中,还应该在课堂之外进行有效的融入,这就需要英语教师开展多种多样的实践活动,通过实践让学生进一步了解传统文化知识,增强对传统文化的认同感,从而有效地提高学生的文化素养。因此,为了更好地把传统文化融入英语教学之中,教师要在丰富课堂教学之余开展多种多样的实践活动。

总之,在传统文化严重缺失的今天,英语教师有效地把传统文化与英语教学有机结合具有重要的意义,它不仅可以丰富英语教学形式,激发学生的英语学习兴趣,提高英语课堂教学的效果,而且可以加深学生对传统文化的理解,有效地提升他们的文化意识和文化素养。因此,在开展英语教学时,教师要注重自身文化素养的提升,深入地挖掘课本中的传统文化知识,积极地把传统文化融入教学的整个过程,同时开展与传统文化相关的实践活动,通过活动提高学生的英语学习能力和文化认知能力。

(三)提升教师传播中华优秀传统文化的能力

1.形成国际化视野和多元文化价值观,尊重文化差异

在传播文化之前,英语教师首先要有国际化视野和多元文化价值观,尊重不同文化之间的差异(比如思维方式、价值观念、风俗习惯、宗教和法律、审美心理等方面的差异),尊重其他民族的感情,尽量摒弃自己原有负面的刻板印象,"唤醒"跨文化的意识,这是成功进行跨文化传播的前提。

要保证文化传播的有效性,英语教师要在尊重文化差异的基础上,主动了解他国文化的特点,调整文化传播的方式和策略,增强中华优秀传统文化与他国文化的共享性,以保证中华优秀传统文化更有效地传

播,否则在文化传播过程中可能会遇到障碍。

那么如何形成国际化视野和多元文化价值观呢？英语教师可以通过阅读民俗学、地理文化方面的书籍杂志,观看民俗方面的纪录片等方式了解其他文化的价值观；通过旅行等方式在实践中记录自己与其他文化群体的人进行交往的经历,反思自己遇到的文化冲突,看是否做到了相互尊重和欣赏；通过观看电视、电影等对其他文化的呈现和介绍,看自己是否比较辩证地认识到了其他文化的优点和缺点,同时也思考媒体对其他文化的呈现是否客观；逐步养成理性的"延迟判断",即利用时间的推迟来避免情绪干扰和主观判断,以便进行更为理性的审视；以积极、开放的心态对待中华优秀传统文化；多换位思考；等等。

2. 减少跨文化传播中可能出现的文化损耗

文化损耗,又叫"文化折扣",是指某一文化内容在被翻译转换成另一种文化符号来传播时所造成的内容减少或改变的现象。英语教师所传播的中华优秀传统文化与接受者所代表的文化是不同的,而且接受者的英语水平往往还不足以完整、准确地理解中华优秀传统文化,因此有相当比例的中华优秀传统文化是通过翻译的方式进行间接传播的。在这一过程中,由于翻译是一种人为的文化干预,所要传播的中华优秀传统文化内容会在翻译和解码的过程中出现损耗,因此会造成所要传播的中华优秀传统文化内容与接受者感受到的中华优秀传统文化内容不对称。如果接受者能够正确理解,传播是有效的；如果接受者不能理解,或者误解,则传播是无效的,甚至效果是适得其反的。

那么如何最大限度地减少这种因为翻译而造成的文化损耗呢？就是让传播内容和接受者处在同一文化环境中,即要么处在中华优秀传统文化环境中,要么处在接受者所代表的文化环境中。基于此,英语教师有两条路径可以最大限度地减少文化损耗：第一条是让接受者的英语水平达到理解中华优秀传统文化的程度。这条路径比较难,因为接受者不仅有学生,还有学生家长、社区民众、当地同事等可能连一句英语都不懂的个体。第二条是英语教师让传播内容和接受者处于同一文化环境中,以便接受者直接理解。这条路径对英语教师要求很高,英语教师除了要精通接受者的母语以外,还要先体验、接受他们的文化,尤其是中华优秀传统文化与对方文化差异较大的地方,英语教师要从接受者的角度出发,站在接受者的文化立场上来阐述和理解中华优秀传统文化,增强两种文化之间的相似性,这样既能保留中华优秀传统文化,也能减少文化损耗,提升接受者的感知度、理解度和接受度。

英语教师还可以以超文本链接的方式或提前发放背景资料的方式,力图使中华优秀传统文化在传播过程中尽可能地减少损耗,甚至能保值和增量。比如,仅仅呈现中国传统文化的符号"长城",接受者往往可能会将其理解为一种"墙",有封闭、隔绝的意味,而文化交流是需要沟通、联系、开放、探索的,如果加一个链接或背景说明,就有可能消除这类误解,在一定程度上减少文化损耗。

3. 遵守理性原则,坚定文化自信和自尊,做到文化自觉

客观来讲,从事中华优秀传统文化传播的英语教师大多数是中国人。在向世界展示和传播中国优秀文化时,英语教师要有文化自信,要表现出自己的热爱。在面对接受者所代表的文化时,英语教师更要根植于中华优秀传统文化的土壤,坚定文化自信和自尊,认清文化发展的差距,勇于展示和敢于交流。

这里的"坚定文化自信和自尊",并不是要固守中华优秀传统文化的一切,也不只是基于工作需要进行合乎目的性的呈现,而是理性客观,坚信自己文化的优点,避免自大和自闭;也承认自己文化的弱势,但不自卑和盲从,而是开放自身,虚心去倾听和了解接受者对自己文化的评论和反馈。无论是优点还是缺点,英语教师都要明白其来龙去脉和发展趋向,持不卑不亢的态度,遵守理性原则,尊重对方的文化,以一种平等交流的态度进行文化传播。

文化自觉是指自觉认识到各种文化的价值、意义和弱势,体现不同文化间的平等、交流、互补和发展。英语教师在传播中华优秀传统文化的过程中也要做到文化自觉,既不自高自大,表现出民族中心主义,也不妄自菲薄,觉得自己文化各方面的发展程度都不如对方文化,要秉承"和而不同"的理念,自主、平和地进行跨文化传播。

总之,英语教师要有一种文化传播的责任感,遵守理性原则,坚信中华优秀传统文化的优点和特色,在充分了解接受者思维方式和风俗习惯的基础上深入探索文化传播的途径、方法、手段、技巧等,以恰当的方式进行传播。

4. 掌握文化传播的具体策略

英语教师可以积极了解和掌握一些文化传播的具体策略,比如文化共性策略、国际化表述策略、本土化策略、陌生化策略等,以提升自己的文化传播能力,促进中华优秀传统文化的传播。

第一,文化共性策略。文化共性策略是指英语教师在传播中华优秀传统文化时要淡化中华优秀传统文化与接受者所属文化之间的差异,积极寻找两种文化中的共同点和契合点,比如爱情、亲情、友情、善良、家庭、坚强、勇敢、奋斗、好奇、探险、社会民生、自然环保、关怀弱势群体、追求公平正义、普通人的积极进取心等这些永恒话题,让接受者觉得所传播的内容在自己的文化中也有,跟自己有关联,而且可以对比自己文化中相应的内容进行学习,从而更容易接受和理解。从传播学的角度来看,在跨文化传播过程中,接受者会倾向于选择了解甚至接受一些与自身经验或文化相近的内容。人类生活的共同本质使各种文化具有一定程度的相似性和共通性,中华优秀传统文化中同样包含着能够被其他文化认同和接受的主题和元素。英语教师可以先了解其他文化中的文化习俗、文化价值观等基本文化信息,再结合中华优秀传统文化中类似的文化特征和行为,寻找两种文化交流的历史和现实,确定所要传播的文化内容,在此基础上,结合中华优秀传统文化中具有地域性、民族性的内容(如建筑、服饰、礼仪、艺术、风俗人情等),形成典型的既有民族特色又有文化相似性和共通性的题材内容,引起接受者的共鸣,从而提高文化传播的有效性。

第二,国际化表述策略。国际化表述策略是指英语教师对所要传播的中华优秀传统文化内容进行编码时尽可能采用世界性符号,简单地说就是"民族化的内容,国际化的表述"或者"用国际语言讲述中国故事"。跨文化传播的关键在于接受者能否对接收到的信号或符号系统进行解码并正确理解。如果采用世界性符号(如图片、音乐、生活视频、纪录片、电影等)来编码具有中国特色的文化内容,接受者更容易识别、解读,并进行深层理解,尤其是生活视频、纪录片和电影,有画面、镜头、色彩、语言等大量文化信息,能提高文化传播的直观性和效率,这种形式更容易被世界各地的接受者所感知、理解和接受,进而使他们对中华优秀传统文化产生兴趣。否则接受者可能难以明白其意义,尤其是像中华优秀传统文化这类高语境文化。国际化表述策略成功运用的典型例子是国际版的《故宫》纪录片。当然并不是说要把中华优秀传统文化全部进行国际化编码,用未传播的中华优秀传统文化最好既有国际化编码和表述,也有民族特色的本土化编码和表述。那些有中华民族特色的诗词、民歌、书法、国画、戏剧、音乐、建筑等,就可以用中国符号与世界性符号相结合的方式进行传播。比如对诗歌的传播,既可以通过吟诵的方式呈现,也能以翻译的方式呈现,甚至可以用音乐的形式来传播;再如传播中国古典音乐,可以先用接受者母语进行相关主题的介绍,再播放原声的音乐;等等。采用多种形式,将传统文化推向世界,让接受者从各个角度全面了解中华优秀传统文化,提高文化传播效果。

第三,本土化策略。本土化策略是指将中华优秀传统文化内容融入新的文化环境之中,用当地接受者认同的方式(或者说更习惯的方式)进行传播,保证对方听得懂、听得进,做到潜移默化、润物无声。传播中华优秀传统文化时,英语教师要充分利用所在地区的本土资源,贴近所传播国家和地区的本土文化,贴近接受者对中华优秀传统文化的兴趣点,根据本土文化背景选择恰当的文化传播方式。比如,用当地政府或某个名人关于中华优秀传统文化的观点作为开头论述或呈现观点,让接受者用英语给《泰坦尼克号》《阿凡达》等经典电影配音。在欧美国家和地区开展文化讲座时,英语教师的叙述要尽量符合接受者的直线思维,直接说明事物的文化内涵,避免让接受者理解困难。英语教师可以先了解当地接受者的认知、审美、情感等方面的民族心理特点,积极寻找中华优秀传统文化与当地文化的契合点,以及接受者对中华优秀传统文化的兴趣点和了解需求,然后再根据当地文化特点对中华优秀传统文化传播的策略和方法进行调整。一般来说,中华优秀传统文化与当地文化的契合点是中国当前的发展情况(比如政治、经济、民众生活等)和中国人对世界性热点的看法(比如环境保护、反恐问题)等。接受者对中华优秀传统文化的兴趣点一般是中国传统文化(比如书法、绘画、京剧等)和当前中国的现实问题(比如法律法规、教育城镇化等)。

第四,陌生化策略。陌生化策略是指将所宣传的中华优秀传统文化中某些大众性的元素去除,留下(或增加)让接受者感觉新奇、陌生的一面,以激发接受者的兴趣,增强传播效果。陌生化策略成功运用的典型例子是纪录片《舌尖上的中国》,它将人们非常熟悉的一些食物陌生化为一个个人物故事,既有陌生的故事情节,也有陌生的叙述视角,使国内外的接受者颇感兴趣。英语教师在选择主题时应立足于中华优秀传统文化的特色部分,使内容既在接受者的经验范围内,又采用陌生化的策略,让接受者有新鲜感,甚至觉得眼前一亮,然后再整合不同资源,从不同的角度进行介绍。

第五,细节化策略。细节化策略是指英语教师在传播中华优秀传统文化时应关注细节,以细节化的方式(比如具体、形象的实例)进行全方位、立体式的表述和传播;把现实生活中小人物丰富多彩的故事"原汁原味"地呈现给接受者,多用描述式语言,少用概括式语言,少一些空洞的数字和结论;尽可能详细地交代文化故事的背景(可以采取超文本链接的方式或提前发放背景资料的方式),而不是让接受者用自己的想象或生活经历去填补。英语教师进行文化传播,不是强制传播,更不是文化征服,要注意把握文化发展与传播的规律,通过潜移默化、关注细节等方式去促进文化传播。比如,通过关注普通人的生活,突出东西方在具体个人方面的共识(比如追求卓越),体现出共享性,同时又在家庭观念、群己关系、伦理秩序等方面体现出中华优秀传统文化的独特性。再如,以具体情境作为普通人的生活场景,用不同的故事串联,呈现社会生活状况。英语教师所要传播的中华优秀传统文化中很多方面,如经济发展、文化发展、普通民众生活、环境保护、科技发展等,都可以采用细节化策略,以普通个人的视角切入,以讲故事的方式呈现,以具体情境来承载故事,以人类共同的情感作为主旋律,配以中华优秀传统文化的特色进行传播,这既符合西方接受者的具体性思维习惯,也是人本化传播理念的体现,往往能达到较好的宣传效果。总之,英语教师传播中华优秀传统文化时要多一些客观性、人文性、故事性、情境性,少一些说教味、宣传味、政治味,使用具体、实在、朴素、生动、鲜明的语言,力求贴近社会现实和大众生活,让接受者觉得亲切、自然、鲜明、准确。

第六,典型化策略。典型化策略是指将某类中华优秀传统文化的多种特征,集中体现在某个中国人(或中国家庭、事件)上的策略,突出某类事物中最为典型的个体或个案,使接受者通过典型个体或个案全面、深入地了解该类事物,以提高文化传播的效果。比如,以故宫为典型介绍中国的建筑,以西安为典型介绍中国的历史文化名城等。英语教师所从事的文化传播,有经济和时间等方面的成本制约,不可能呈现所有的中华优秀传统文化内容,这也要求英语教师选择某类事物的核心内容,赋予其典型化特征,提高文化传播的效率。此外,英语教师还可以选择利用新媒体、自媒体等现代传播媒介或日常生活和工作实践中的人际交往来进行文化传播。

第五节　ChatGPT 对基于移动网络的大学英语教学的影响

　　ChatGPT 是美国人工智能研究实验室 OpenAI 于 2022 年 11 月推出的一款人工智能（AI）聊天机器人。它使用深度学习生成类似人类文本的语言模型，通过分析大量文本数据集和学习单词、短语之间的模式与关系来工作。ChatGPT 可以在对话中根据上下文语境生成自然、多样化的回答，输出类似人类文本的反馈。在 ChatGPT 的热浪席卷全球之前，类似的智能聊天机器人已在英语学习的听、说、读、写技能教学中有所应用，其在英语教学中的应用潜力已得到证实。作为一款火到"出圈"的 AI 聊天机器人，ChatGPT 很可能在未来成为英语学习智能聊天机器人研发与英语学习工具创新的风向标。

一、ChatGPT 技术的优势

（一）ChatGPT 有助于英语学生的自主学习

　　学习者自主学习需要一个合理的学习情境，学习情境应允许学生根据需要自由选择学习的时间、地点和节奏。ChatGPT 支持的英语学习具有学习环境个别化、学习过程探索化、学习活动多样化等特点，具体可通过以下方式为英语学生的自主学习活动赋能。

1. 学习过程探索化

　　学生应用 ChatGPT 的学习活动和学习进程可由其自主调控，在接受新输入的同时，及时强化记忆，巩固学习，探索适合自身的有效学习方法与方式。例如，学生可以多次要求 ChatGPT 对某个英语段落进行翻译，比较不同翻译结果的优劣及其原因。学生也可以向 ChatGPT 寻求语言学习建议,获得词汇表、对话练习、语法课程等语言学习资源,将其用于不同阶段的学习中。

2. 学习规划定制化

ChatGPT 能为学生制订语言学习规划,包括制订长期学习计划、按需提供学习资源、指导语言技能训练等。在制订长期学习计划方面,ChatGPT 能够提供每日安排、每周计划、每月进展等方案,体现出以下主要特点:考虑到多种语言技能的协同提升,如同一天进行阅读与听力训练、词汇与语法学习;划分渐进式的学习阶段,如前三个月为基础阶段,后两个月为进阶阶段;细致划分知识点,如语法知识提及动词时态、名词等,而不是给出笼统的概念知识。在按需提供学习资源方面,ChatGPT 提供实用便利的参考资料网站,包含名称、网址、简介等内容。在指导语言技能训练方面,ChatGPT 能针对某种技能提供全面的学习策略,比如改善发音的策略,包括听力复述、模仿、对比等。

3. 学习环境个别化

学生可以根据个人兴趣和需求与 ChatGPT 交流,可以有针对性地向 ChatGPT 询问不同语言技能的训练策略,在放松、不受干扰的环境下进行语言输入和输出。具体学习过程中,ChatGPT 可以帮助学生对学习任务进行切分,分解出更小、更易实现的子任务,培养完成任务的自主感和自信心。比如,阅读学习时学生可以要求 ChatGPT 阅读教材中的某一章节,生成简明易懂的总结,逐步加深对阅读篇章的理解。

4. 学习活动多样化

ChatGPT 能够支持学生的多种学习活动。ChatGPT 可以成为写作提示生成器,生成故事开头或创意写作提示,用作学生写作的基础材料。ChatGPT 可以成为阅读理解工具,生成与学生学习主题内容相关的文章,让他们阅读并回答问题。ChatGPT 可以成为词汇构建者,通过使用学生不熟悉的单词生成句子,让他们根据上下文猜测单词含义,扩展词汇量。班级讨论问题时,师生还可以向 ChatGPT 提问,与课堂上的实质性讨论相结合,有利于学生拓展思路。

（二）ChatGPT 有助于英语教师提升工作效率

　　未来的语言教育应整合对话式人工智能,通过设计课程内容促进智能资源利用,减少教师的工作负担。作为聊天机器人,ChatGPT 便能为英语教师赋能。

　　1. 转变传统的教师角色观念

　　由于技术手段在教学中不断整合,有必要重新定义并拓展教师扮演的角色。讨论 AI 时代教师角色的转变时,不可避免地要考虑 AI 工具在教学中的角色。会话式 AI 可支持语言学习的技能训练,为语言教师节省在交互与反馈环节花费的时间。那么,教师从以往的"对话伙伴"与"反馈提供者"两个重要角色转向何处? 答案是: 英语教师的新角色更加注重学习过程中的支持性和监控性作用,引导学生的心理过程和情感状态,设计更具吸引力的课堂活动,对 AI 提供的数据做出合理的教学决策等。会话式 AI 在英语学习中的应用研究起步较晚,教师角色的转变还需更多时间进行定义,但是可以预见: 未来的教学须更加注重人机协同和师生互动。

　　2. 为教研及教学活动赋能

　　ChatGPT 可向教师提供包含通识性和组织化内容的起步教研计划,帮助教师节省初始收集与整合资料的时间,提供多种翻译版本,并模拟与学生对话。它主要从以下方面协助教研活动和教学备课。

　　第一,教师可向 ChatGPT 询问特定话题,快速得到相关知识点,为设计教学大纲、课程结构、课堂活动提供思路。教师也可以在 ChatGPT 的协助下检索教学资料和整理文献,生成相对全面的课程材料,并且可以通过 ChatGPT 的翻译在课堂上使用其他语言。

　　第二,ChatGPT 可自动生成相关教学内容,提高教师备课效率。例如,对于提问"我要教学生英语过去式变化规则,你能为我提供一份详细的教学大纲吗?",ChatGPT 的回复包含讲解、实践、总结三部分,实践与总结部分又含有基本原则、特殊情况、句子练习三个模块,而且设置了不同类型的题目。

　　第三,教师通过跟 ChatGPT 的模拟对话,能够初步把握学生学习中的重点、难点问题,事先做好解决问题的准备。例如,对于提问"英语过去式有什么难点是学生可能疑惑的？"ChatGPT 列举了动词的规则和不规则变化、同音异形词，并提醒教师这类变化需要学生单独记忆。

第四，ChatGPT 还可以帮助教师评估学生，观察学习进度，并能自动检测学生的语言熟练度，使学生了解自身学习进步与不足。

二、ChatGPT 技术的劣势

（一）削弱人与人的现实交流和沟通

英语教学中的交流和互动至关重要。如果学生单纯注重和 ChatGPT 的交流，在一定程度上会减少他们与教师、同学之间面对面的人际交流和沟通，不利于语言能力和交际能力的提升，影响英语学习效果。一方面，学生可能尚未真正掌握语言的语音、语调、语法等方面的细节，导致他们在表达时有困难，无法流利、准确地表达自己的意思。另一方面，缺乏面对面交流，学生将无法体验到真实的心理或行为反应，在"数据喂养"中降低信息正误识别判断能力，也不利于真正发现和及时改进学习错误。

（二）影响英语学习的公平与诚信

在英语教学领域，ChatGPT 虽然可以用来辅助学生练习语言技能、帮助教师开展教学、支持智能化语言学习等，但也存在一些潜在问题。学生很有可能将 ChatGPT 用作学习的作弊工具，使用 ChatGPT 生成的文本代替作业、论文等上交，得到不符合实际水平与表现的评价结果，从而在一定程度上破坏教育的公平和诚信。这类行为也不利于英语教学产生真正的实效。如果学生将语言模型生成的文本当作课程作业提交，教师感知和评判的其实是学生的"虚假"语言水平，并不了解他们的真实语言水平，对后续教学内容安排、教学方式与方法调整等产生误导，不能真正实现"因材施教"，造成学生学习的恶性循环。

（三）阻碍英语批判性思维的发展

语言学习过程中,学生感悟语言文化的人文底蕴与思维内核同样重要,对此 ChatGPT 目前尚无用武之地。英语课程不应只关注语言层面的知识,更应注重批判性思维的培养。思维比知道重要,问题比答案重要,逻辑比罗列重要。学生的英语学习如果过度依赖 ChatGPT,重技能训练而轻思维能力培养,批判性思维能力、创新意识等将难以得到激发。教育教学的核心要素之一是培养批判性思维能力,如何在使用 ChatGPT 的过程中有效培养英语学生的批判性思维能力,尽力规避其对批判性思维能力的消极影响,值得英语教学界重点思考与探求。

三、ChatGPT 技术下英语批判性思维的培养

（一）ChatGPT 技术下的批判性思维特征

英语教学中的批判性思维主要指对英语知识和信息进行综合分析,并具备高层次认知能力,能够评价各种表达和建议的准确性、权威性。ChatGPT 视域下的批判性思维应凸显以下特征。

首先,批判性思维是一种主动的独立思考活动。网络智能环境中,学生更要积极参与学习活动,并进行创造性思考、明确正确的价值取向、做出合理判断,而不是被动接受。当前世界范围内很多高校学生使用 ChatGPT 写作业或完成论文,对 ChatGPT 产生了一定依赖,不少高校因此明令禁止学生使用 ChatGPT 等 AI 工具。英语教学中技术工具使用的正确导向是帮助学生学会思考学习的有利和不利因素,认清学习目标,认识教学和学习的价值,促使学生真正获得学习进步和能力发展。

其次,批判性思维是一种反思性思维活动。英语学生应能对自己的学习行为、接收到的知识进行价值判断与自我调节,这对于批判性思维的培养大有裨益。据 ChatGPT 使用者反馈,对于某些领域的提问,ChatGPT 也许会提供一个看似正确但实际上是编造的错误答案,其说

话方式也诱导用户"相信"接受。由此可见，一方面，ChatGPT 的知识储备（训练数据集）还需随着时间的推移不断发展完善。另一方面，英语学生在使用 ChatGPT 的过程中更要不断反思，多方求证，不能完全依赖它获取所有信息。

最后，批判性思维是一种对比性思维活动。英语学生应能审视自身观点与他人观点的异同，并探究观点差异产生的原因。使用 ChatGPT 时，英语学生面对眼前的答案要学会思考，为什么 ChatGPT 会提供这样的答案？提问之前，学生也可通过其他媒介整理获得自己的答案，再与 ChatGPT 的答案进行对比分析，从而对 ChatGPT 的答案进行多角度审视，掌握真实、正确的知识。

（二）ChatGPT 技术下的批判性思维培养策略

人工智能时代，教师应注重教导学生如何进行批判性和创造性思考，以及如何负责任地使用技术。对于当代学生融合应用信息技术和人工智能技术的学习特点，教师应持有清晰认识，与科技和谐共处，聚焦学生的批判性思维培养，提升学生的核心素养与关键能力。

1. 转变对 AI 的"敌视"态度，发挥 AI 的教学帮手作用

计算机辅助英语教学的课堂与传统英语教学课堂不同，教师能否做足准备很大程度上取决于他们对技术教学的态度。面对 ChatGPT，英语教师须主动求变、积极应对，在技术、内容及观念、思想上做好政策和策略的应变准备。语言智能相关技术发展对英语教师的素养提出了更多要求，但从客观角度来看，ChatGPT 的合理使用能使语言教师从中受益。ChatGPT 可以帮助教师完成烦琐且重复的日常工作，使他们更加专注于改进自身的教学活动，更好地设计培养语言学生批判性思维能力的教学环节，提升教学的育人实效。

2. 超越语言本身，在发展智慧教育中寻求平衡

在 2023 年 2 月世界数字教育大会的平行论坛上，中国教育科学研究院教育统计分析研究所所长马晓强指出：智慧教育是培养人的系统活动，智慧教育的关键是通过技术与教育相融合的教学创新与变革，以人的个性和全面发展为价值追求，在理想和现实之间寻求平衡。使用

ChatGPT 发展智慧英语教育时,应探索如何将新工具融入教学环节各个可能的适切部分,思考与设计英语教学课程,实现多角度、多价值的思想呈现。

教师要帮助学生建立使用 AI 工具的准则:知道不等于理解。一方面,教师应使学生全面客观看待 ChatGPT 类 AI 技术工具,充分获取学习所需的资源和策略,为己所用。另一方面,学生应能不断反思自身的学习特征和过程,认识自身的进步和不足,对学习做出合理的自主决定,更有效地提升英语能力。

3. 注重人文素养教育,激发学习者的创造性思维

英语技能课程大多关注英语的交际功能而非认知功能,教学目的倾向于使用英语完成特定交际任务。从中可见,英语教学在语言基础技能训练环节安排较多时间,人文素养教育被相应压缩,这就要求教师设计融入培养人文素养和激发创造性思维的教学任务。ChatGPT 可以发挥在英语技能训练方面的优势,缩减英语课堂的基础技能教学,为教师赢得更多时间开展培养学生创造性思维的教学活动。使用 ChatGPT 时,教师可相应改变英语课程或教学目标设置中技能训练和人文素质教育的比重,引入更多的思辨训练,注重文化、历史等人文知识及跨学科知识的探讨学习。

4. 改变评价方式,建立"双脑协同、智力共生"的评价思路

世界各地不少高校禁止在学校网络使用 ChatGPT 等 AI 工具,也有教师开发了检测工具来检查学生的作业是否抄袭 AI 生成的文本。由此,语言技能学习质量与结果评价需要建立"双脑协同、智力共生"的学习评价新思维。当今社会无法完全避免具有各类功能的 AI 工具的出现与使用,但我们可以改变思路,破除唯论文、唯报告的作业评价方式,采用多样化、形成性评价方式。对于文本类学习成果评价,教师可以规定 ChatGPT 的使用方式,学生如实报告 ChatGPT 的使用程度,补充阐释作业中的观点看法、行文逻辑和论证思路,达到优质完成作业、提升批判性思维能力、促进科学评价的多重目标。

ChatGPT 的问世为英语教学带来了新的变革方向,它能通过制订学习计划、提供学习资源和指导技能训练为英语学生与英语教师赋能。然而,面对网络上丰富的英语学习资源,如果学生缺乏批判性思维能

力和自控能力，无限依赖 ChatGPT 进行英语学习则有害无益，甚至被 ChatGPT 反噬。ChatGPT 不管是"高度重复的剽窃机器"还是"极具创造性的人工智能"，我们都可以将其看作虚拟世界中的"镜像人类"。我们在观察和应用它时应能冷静地思考：作为人类，我们应如何认识语言、看待语言、学习语言，从而开拓认识世界、看待世界、完善世界的新路径。社会经济和英语教育的发展需要富有创新思维的高素质英语人才。在 ChatGPT 类 AI 技术浪潮的冲击下如何加速英语教育教学的成功转型，是英语学界应高度重视和积极求索的时代命题。

参考文献

[1]（美）露丝·科尔文·克拉克,理查德·E.梅耶.数字化学习原理与教学应用 [M].北京：中国科学技术出版社,2021.

[2] 蔡基刚.中国大学英语教学路在何方 [M].上海：上海交通大学出版社,2012.

[3] 陈玲.移动互联下的高效教学模式 [M].北京：中国科学技术出版社,2020.

[4] 陈细竹.网络时代英语自主学习与教学研究 [M].北京：北京日报出版社,2019.

[5] 陈阳芳.中国大学生英语口语自主学习动机培养研究 [M].上海：上海交通大学出版社,2019.

[6] 窦国宁.创客教育理念下的大学英语教学理论与实践 [M].北京：企业管理出版社,2021.

[7] 冯智文.深化大学英语教学改革探索与研究 [M].昆明：云南大学出版社,2013.

[8] 付道明.数字化学习的优化设计与效果研究 [M].厦门：厦门大学出版社,2016.

[9] 黄雪梅.现代教育技术下的新型大学英语教学模式研究 [M].长春：吉林出版集团股份有限公司,2018.

[10] 蒋景东,金晶.高职学生英语学习阻碍机制应对策略"协同"研究 [M].杭州：浙江大学出版社,2015.

[11] 康莉.跨文化视角下的大学英语教学：困境与突破 [M].北京：中国社会科学出版社,2014.

[12] 李宪美.大学生英语学习焦虑研究 [M].合肥：合肥工业大学出版社,2014.

[13] 刘蕊.教育生态化视角下高校英语教学创新研究 [M].长春：吉林出版集团股份有限公司,2021.

[14] 栾岚 . 移动学习理论及其在大学英语教学中的应用研究 [M]. 哈尔滨：哈尔滨工程大学出版社,2017.

[15] 莫英 . 信息化背景下大学英语教学改革与创新思维 [M]. 成都：四川大学出版社,2018.

[16] 任彦卿 . 基于移动学习系统的大学英语教学研究 [M]. 长春：吉林人民出版社,2019.

[17] 史利红 . 大学英语教学中学习拖延问题研究 [M]. 北京：北京理工大学出版社,2019.

[18] 苏一凡 . 多模态英语教学理论与实践 [M]. 北京：中华工商联合出版社有限责任公司,2022.

[19] 苏勇,孙世利,毕崇涛 . 数字化英语教学研究 [M]. 北京：北京航空航天大学出版社,2009.

[20] 谭丁 . 英语教学与就业能力培养 [M]. 延吉：延边大学出版社,2022.

[21] 童琳玲,祁春燕 . 演进与变革网络环境下的英语教学研究 [M]. 北京：团结出版社,2017.

[22] 王辉 . 基于移动互联网环境的大学英语词汇习得模式研究 [M]. 成都：四川大学出版社,2019.

[23] 王欣,孙珊珊 . 英语专业教育改革课程思政与价值引领 [M]. 上海：上海英语教育出版社,2022.

[24] 王志敏 . 英语学习动机激发策略的理论与实证研究 [M]. 北京：光明日报出版社,2014.

[25] 文旭,徐天虹 . 英语教育中的课程思政探索 [M]. 重庆：西南师范大学出版社有限责任公司,2021.

[26] 吴秉健 . 教师网络学习共同体与英语教学数字化融合创新 [M]. 北京/西安：世界图书出版公司,2019.

[27] 杨静 . 现代信息技术优化英语教学研究 [M]. 西安：西北工业大学出版社,2019.

[28] 杨涛 . 英语学习倦怠与动机关系研究 [M]. 北京：科学出版社,2015.

[29] 于永昌,刘宇,王冠乔 . 大数据时代的教育 [M]. 北京：北京师范大学出版社,2015.

[30] 俞婕,魏琳 . 数字化时代大学英语翻转课堂新探索 [M]. 北京：

冶金工业出版社,2022.

[31] 俞丽芳.基于应用型英语人才培养的专门用途英语ESP教学探析[M].成都:电子科技大学出版社,2018.

[32] 臧庆.英语教学与文化融合[M].北京:北京工业大学出版社,2020.

[33] 战德臣等.MOOC+SPOCs+翻转课堂:大学教育教学改革新模式[M].北京:高等教育出版社,2018.

[34] 张春艳.终身学习时代背景下的英语移动学习[M].长春:东北师范大学出版社,2018.

[35] 张娇媛.高校英语混合式教学与信息技术应用[M].天津:天津科学技术出版社,2019.

[36] 张墨.信息时代背景下大学英语教学方法整合新探[M].长春:吉林出版集团股份有限公司,2021.

[37] 张亚锋,刘思佳,万镭.专门用途(ESP)英语教学的探索研究[M].西安:西北工业大学出版社,2019.

[38] 赵常花.媒体融合视角下的大学英语教学理论与实践研究[M].北京:企业管理出版社,2020.

[39] 郑茗元,汪莹.网络环境与大学英语课程的整合化教学模式概论[M].北京:中国水利水电出版社,2015.

[40] 钟玉芹.大学英语混合式教学探究[M].北京:电子工业出版社,2017.

[41] 周文娟.大数据时代英语教育理念与方法的探索与发现[M].上海:上海交通大学出版社,2014.

[42] 蔡晴.大学英语网络在线课程体系的建设探究[J].江西电力职业技术学院学报,2018,31(05):32—35.

[43] 冯春.移动环境下的大学英语听说混合教学模式研究[J].海外英语,2020(07):75—76.

[44] 谷晓莹.基于移动网络环境、以手机学习软件为补充的大学英语教学模式探究[J].吉林省教育学院学报,2017,33(06):55—57.

[45] 谷晓莹.移动网络混合式学习模式在大学英语视听说教学中的应用[J].赤峰学院学报(汉文哲学社会科学版),2019,40(04):157—159.

[46] 郭振献."互联网+"视角的大学英语教学改革与发展[J].校园英语,2017(52):48—49.

[47] 洪小琴,周鑫琴.“互联网+”新时代下的大学英语教学策略 [J].长春教育学院学报,2015,31（24）：95—96.

[48] 黄华丽.移动学习技术下的大学英语教学模式创新 [J].佳木斯职业学院学报,2019（12）：92—93.

[49] 纪丹丹.基于互联网+的大学英语的多元化教学模式 [J].才智,2018（06）：73.

[50] 贾丹阳.“互联网+”环境下英语混合教学模式的探索 [J].英语广场,2020（03）：73—74.

[51] 柯惠娟.多模态环境下大学英语移动教学模式建构 [J].海南广播电视大学学报,2017,18（02）：154—158

[52] 雷安乐.基于移动网络及手机学习软件的大学英语自主学习模式探究 [J].校园英语,2017（37）：18—19.

[53] 李丽华.移动学习在大学英语改革中的应用前景探究 [J].语文学刊(英语教育教学),2015（12）：149—150+152.

[54] 李玲.探析“互联网+”时代背景下大学英语教学改革与发展 [J].校园英语,2017（45）：84—85.

[55] 李姗.翻转课堂模式在大学英语口语教学中的应用研究 [J].校园英语,2021（34）：14—15.

[56] 梁颂宇.浅谈移动网络在大学英语教学中的应用与利弊 [J].教育教学论坛,2020（02）：258—260.

[57] 刘小英.大学英语移动学习模式研究 [J].戏剧之家,2018(14)：168—169.

[58] 刘晓莉,敬国东.基于移动学习的大学英语教学改革探究 [J].中国职业技术教育,2016（29）：90—96.

[59] 刘叶红.基于移动网络的大学英语微课自主学习引导研究 [J].当代教育理论与实践,2016,8（07）：120—122.

[60] 吕菁.“互联网+”背景下大学英语混合式学习模式探析 [J].海外英语,2017（12）：72—73.

[61] 蒙思颖.基于移动网络终端平台的大学英语混合教学模式研究 [J].成都工业学院学报,2018,21（04）：64—66+93.

[62] 庞果.大学英语移动网络交互学习内容研究 [J].牡丹江教育学院学报,2017（05）：22—24.

[63] 庞果.基于移动网络信息的大学英语交互式教学模式研究 [J].

吕梁教育学院学报,2017,34（04）：104—106.

[64] 庞果.移动网络信息在大学英语教育中的运用研究[J].成才之路,2015（23）：24.

[65] 青丽.大学生英语移动学习模式及学习行为管理策略探析[J].求知导刊,2016（07）：114.

[66] 任和.移动学习在大学英语教学中的应用——评《大学英语教学研究》[J].高教探索,2019（09）：130.

[67] 石楠,李洁.博客在大学英语教学中的应用实践探究[J].教育现代化,2017,4（20）：37—38.

[68] 帅蓉,张景成.基于微信平台的大学英语教学实践对比研究[J].江西电力职业技术学院学报,2017,30（02）：24—26.

[69] 田葆青,刘洪文,赵霞.信息碎片化背景下高职公共英语教学模式探讨——移动教学模式[J].企业导报,2016（03）：123+125.

[70] 万燕,黄旭.移动网络环境下高校英语教师教学能力提升研究[J].黑河学院学报,2017,8（10）：72—73.

[71] 王昌龙."蓝墨云班课"APP在大学英语教学中的应用[J].文教资料,2019（16）：229—230.

[72] 王芳.借助移动网络平台 构建大学英语混合教学模式[J].校园英语,2017（29）：31.

[73] 王国萍.移动网络环境下大学英语多元智能化教学模式构建[J].校园英语,2020（18）：11—12.

[74] 王红.新媒体环境对大学英语教学的影响[J].校园英语,2014（13）：17.

[75] 王金平.多元化大学英语课程教学体系的构建与实践——以武汉传媒学院为例[J].文教资料,2019（19）：212—214.

[76] 王君,洪庆福,胡志红.大学英语"云班课+OT+翻转课堂"教学模式探索[J].哈尔滨职业技术学院学报,2021（02）：150—154.

[77] 王丽丽,杨帆."互联网+"时代背景下大学英语教学改革与发展研究[J].黑龙江高教研究,2015（08）：159—162.

[78] 王丽娜."互联网+"时代翻转课堂在大学英语教学中的实践[J].新西部,2017（16）：142—143.

[79] 王晓滨.混合式教学法在大学英语教学中的应用[J].科技资讯,2020,18（19）：99—100+103.

[80] 王岩."互联网+"视域下的大学英语教学模式建构研究 [J]. 黑龙江科学,2017,8（16）:96—97.

[81] 吴若芳.大学英语教学在"互联网+时代"下翻转课堂的实践应用 [J]. 校园英语,2017（32）:20.

[82] 谢欣希.移动互联网视野下大学英语教学创新思考 [J]. 艺术科技,2019,32（12）:219.

[83] 徐瑾.大学生移动网络背景下英语学习调查 [J]. 教育现代化,2017,4（42）:172—173.

[84] 杨玲梅.以"互联网+"助推地方工科院校大学英语教学模式改革 [J]. 安徽文学（下半月）,2017（09）:132—133.

[85] 张冰."互联网+"时代大学英语网络在线课程建设与应用研究 [J]. 智库时代,2019（31）:6+8.

[86] 张芳.翻转课堂模式在大学英语读写课中的应用 [J]. 高等职业教育（天津职业大学学报）,2016,25（01）:81—84.

[87] 张光华."互联网+"时代背景下大学英语教学改革与发展探析 [J]. 文化创新比较研究,2019,3（17）:62—63.

[88] 张铭."互联网+教育"与大学英语教学之关系探究 [J]. 黑河学院学报,2018,9（10）:92—94.

[89] 章宏.基于微信平台高职院校英语自主学习的研究 [D]. 江西科技师范大学,2016.

[90] 赵洁."互联网+"时代下大学英语教学改革创新实践 [J]. 教育观察,2020,9（22）:117—119.

[91] 赵云."互联网+"时代背景下大学英语教学改革的措施探究 [J]. 吉林广播电视大学学报,2016（12）:146—147.

[92] 郑静.大学英语移动式翻转教学设计探究 [J]. 河北广播电视大学学报,2020,25（01）:82—86.